KB054558

삶의 주인이 되는 한마디

삶의 주인이 되는 한마디

초판 인쇄 2019년 9월 20일
초판 발행 2019년 9월 30일

지은이   라 로슈푸코
편역자   서정운
펴낸곳   다른상상
등록번호   제399-2018-000014호
전화   031)840-5964
팩스   031)842-5964
전자우편   darunsangsang@naver.com

ISBN 979-11-967111-7-7 03320

이 도서의 국립중앙도서관 출판예정도서목록(CIP)은 서지정보유통지원시스템 홈페이지(http://seoji.nl.go.kr)와 국가자료종합목록 구축시스템(http://kolis-net.nl.go.kr)에서 이용하실 수 있습니다. (CIP제어번호 : CIP2019034493)

독자 여러분의 책에 관한 아이디어나 원고 투고를 설레는 마음으로 기다리고 있습니다. 이메일로 간단한 개요와 취지, 연락처를 보내주세요. 독자님과 함께하겠습니다.

삶의 주인이 되는
한마디

라 로슈푸코의 말

La Rochefoucauld

사람은 결코 스스로 생각하는 것만큼

행복하지도, 또 불행하지도 않다.

— 라 로슈푸코

라 로슈푸코(1613~1680)는 17세기 프랑스의 귀족이자 군인, 고
전작가였다. 그가 남긴 《잠언과 성찰》은 볼테르, 플로베르, 니
체, 쇼펜하우어, 톨스토이 등 많은 작가들이 머리맡에 두고
애독한 작품으로, 5판까지 출간된 당대의 베스트셀러였다. 이
책은 《잠언과 성찰》을 현대 사회에 맞지 않는 일부분을 제외
하고 발췌·번역한 것이다.

'잠언'(Maximes)이란 그 당시 파리 살롱에서 유행하던 문학 양
식으로, 짧은 글에 인간의 행동과 심리의 모순을 날카롭게 표
현하는 게 특징이다. 인간의 보편적 진실이라는 거대한 주제
를 가능한 한 짧은 문장으로 담다 보니, 저자의 경험과 관찰
이 한두 줄의 글에 집약된 촌철살인의 문장이 탄생하였다.

루이 왕조 시대에 손꼽히는 귀족 가문의 장남이었던 그가 작
가가 된 배경에는 당대 파리의 정치와 음모가 자리하고 있다.
전통적인 군인 교육을 받고 궁정에 출입, 군인으로 복무하며

루이 13세와 왕비 안의 신임을 받았던 그는 왕비의 심복인 셰브뢰즈 공작부인을 사랑하게 된다. 그리고 그녀와 왕비를 위해 당시 권력을 휘두르고 있던 재상 리슐리외에 반대하는 반란에 가담했다가 감옥에 갇히기도 한다.

이후 그의 숙적 리슐리외 재상이 사망하고 루이 13세도 사망하여 왕비 안이 여왕이 되었으나, 여왕은 충성을 바쳤던 라로슈푸코에게 아무런 보상도 해주지 않았다. 새로운 재상 마자랭이 음모를 꾸몄기 때문이다.

우울하게 하루하루를 보내던 그는 반 마자랭파인 롱그빌 공작부인과 사랑에 빠지게 된다. 그녀의 요청으로 마자랭파에 반대하는 '프롱드의 난'에 세 번이나 반란군으로 참여하여 얼굴에 총탄까지 맞았지만, 반란이 실패로 돌아가자 애인 롱그빌 공작부인은 그의 곁을 떠나버린다.

몸과 마음을 모두 크게 다친 그는 고향으로 돌아가 근신하며 《회고록》을 집필, 문인으로 변신한다. 이후 파리에 돌아와 본격적으로 문예 살롱에 드나들며 그의 나이 43세에 《잠언과 성찰》을 쓰기 시작했다. 화려한 궁정 생활과 그 안에서 펼쳐지는 정치적 음모, 사랑하는 여인을 위해 발휘한 기사도 정신에 돌아온 배신의 상처 등 뼈아픈 경험을 한 그였기에 인간의 약점과 모순을 꿰뚫는 잠언을 남길 수 있었다.

상대의 허영과 가식을 짚어낼 뿐 아니라 우리 자신의 자만과

이기심마저 밝게 드러내는 그의 잠언은 '나를 알고 상대를 아는 법'을 일깨워준다. 나를 알고 상대까지 알고 나면 어떤 상황에서도 흔들림이 없다. 그리고 흔들림 없는 사람은 자기 삶의 주인으로 바로 서게 된다. 400년 동안 사랑받아온 지성의 한마디 한마디가 우리를 삶의 주인이 되는 길로 냉철하게 이끌 것이다.

차 례

François de La Rochefoucauld

1장

나를 알고 상대를 아는 법

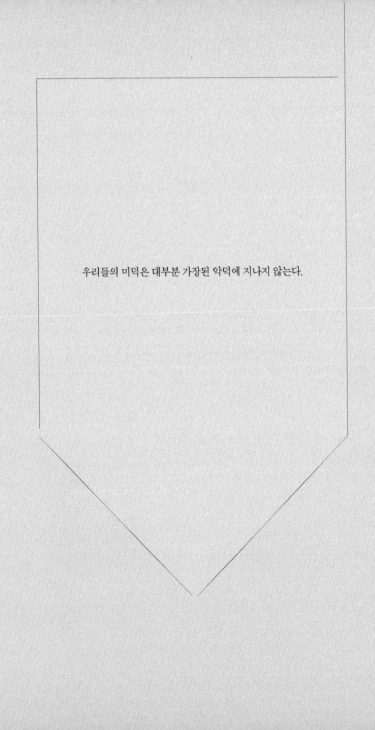

우리들의 미덕은 대부분 가장된 악덕에 지나지 않는다.

1.

우리가 미덕으로 여기는 것들은 흔히 행운의 결과이거나, 인간이 꾀를 내서 하는 여러 행위와 이해관계의 모임에 불과하다. 그러므로 남자가 용감하고 여자가 순결한 것은 꼭 용기가 있어서나 정숙해서가 아니다.

2.

아첨하는 것들 중에 이기심만큼 대단한 아첨꾼은 없다.

3.

이기심이라는 나라에서 얼마나 많은 발견이 이루어지든 간에 거기에는 훨씬 더 많은 미개척지가 남아 있다.

4.

이기심은 세계 최고의 모사꾼보다도 뛰어난 모사꾼이다.

5.

열정을 오래도록 유지하고 싶다 해도 그것은 수명 연장과 마찬가지로 우리 마음대로 할 수 없는 일이다.

6.

열정은 지극히 영리한 사람을 우둔하게 만들기도 하고 지극히 우둔한 사람을 영리하게 만들기도 한다.

7.

세상에는 사람의 눈을 어둡게 할 만큼 화려한 행위가 많으며 정치가는 그런 것들을 위대한 계획에 따른 것처럼 행세한다. 그렇지만 그것은 흔히 기질과 열정이 꾸며낸 장난일 뿐이다. 아우구스투스와 안토니우스의 싸움[1] 역시 세계의 지배자가 되려는 야심 때문이 아니라 질투심의 발현에 불과했을지 모른다.

8.

열정은 24시간 동안 끊임없이 설득해대는 둘도 없는 달변가이다. 일종의 본능이니 잘못은 아니다. 아무리 단순한 사람이라도 열정을 품고 남을 설득하려 든다면, 가장 웅변적일지라도 열정을 지니지 못한 사람들은 여기에 도저히 미치지 못한다.

9.

열정에는 불의가 있다. 또 사사로운 욕망도 있다. 그러므로 열정을 좇는 것은 위험한 일이다. 가장 합리적으로 보일 때조차 그것에 마음을 허락해서는 안 된다.

10.

인간의 마음속에서는 열정이 끊임없이 샘솟는다. 무언가에 대한 열정이 사라질 때에는 거의 언제나 다른 무엇에 대한 열정이 고개를 든다.

11.

열정은 때때로 상반되는 열정을 낳는다. 인색함이 낭비를 낳기도 하고, 낭비가 인색함을 낳기도 한다. 사람이 흔히 약하기 때문에 강하고, 겁쟁이이기 때문에 용감하듯이.

12.

경건함이나 성실함으로 열정을 아무리 포장하고 감추려 해도 그것은 항상 장막 사이로 모습을 드러내고 만다.

13.

우리는 우리의 논리를 비난받을 때보다 취향을 비난받을 때 한층 더 자존심에 상처를 입고 화를 내게 된다.

14.

인간은 자칫하면 은혜를 잊거나 모욕당했던 기억을 지워버린다. 더 나아가 자신에게 은혜를 베푼 사람을 미워하고, 모욕을 준 사람은 미워하지 않게 되기도 한다. 착한 일에 보답하고 악한 일에 복수하는 것을 일종의 굴종처럼 여겨서 여간해서는 그런 수모를 감수하려고 하지 않는 것이다.

15.

권력자의 인자함은 종종 민심을 얻기 위한 정략에 지나지 않는다.

16.

세상 사람들이 미덕이라고 칭송하는 인자함은 때로는 허영으로부터, 때로는 게으름으로부터, 때로는 공포로부터 나온다. 그리고 거의 언제나 허영과 게으름과 공포가 함께 작용하여 행해진다.

17.

행복한 사람들이 절제할 수 있는 것은 평온함이라는 행운을 만났기 때문이다.

18.

행복에 푹 빠진 사람은 자연스레 다른 이들의 질투나 경멸을 받기도 한다. 그리고 그러지 않기 위해 걱정하는 마음이 바로 절제이다. 정신력을 쓸데없이 과시하는 것이다. 다시 말해 고귀의 극치에 달한 사람들이 절제하는 것은 자신의 본모습보다 위대하게 보이고 싶기 때문이다.

19.

우리는 모두 다른 사람의 불행을 가만히 두고 볼 수 있을 정도로 강인하다.

20.

현명한 사람의 침착함이란 동요하는 마음을 겉으로 드러나지 않게 가두어두는 기술에 불과하다.

21.

고문을 당하는 사람이 때로 침착한 척하며 죽음을 멸시하는 것처럼 행동하기도 한다. 그러나 그것은 눈앞에 놓인 죽음을 바라보며 느끼는 공포의 표현에 지나지 않는다. 마치 눈가리개를 하면 앞을 볼 수 없는 것처럼 침착한 태도로 죽음을 멸시해야 한다는 생각이 그들의 정신 활동을 방해하고 있는 것이다.

22.

철학은 과거에 겪은 불행을 쉽게 납득시키고, 미래에 겪을 불행은 이겨낼 수 있는 의지를 준다. 그러나 현재의 불행은 결코 이겨낼 수 없다.

23.

죽음이 무엇인지 아는 사람은 거의 없다. 각오를 하고 죽음을 맞이하는 것이 아니라 대부분 뜻하지 않게 죽기 때문이다. 사람은 모두 죽지 않을 수 없기 때문에 죽는 것이다.

24.

위대한 사람들도 오랜 시간 불운이 계속되면 맥없이 쓰러져버린다. 그들이 야심의 힘으로 불운을 버텨온 것이지, 정신의 힘으로 버텨온 것이 아니었다는 게 드러나는 것이다. 위대하다는 사람들도 크나큰 허영심을 제하고 나면 보통 사람과 똑같다.

25.

행운을 이어가기 위해서는 불운에 처했을 때보다 더욱 큰 용기가 필요하다.

26.

태양을 똑바로 바라볼 수 없듯이 죽음 역시 가만히 보고 있을 수가 없다.

27.

사람은 가장 죄스러운 열정까지도 다른 사람 앞에서 자랑스럽게 이야기한다. 하지만 질투심은 수줍고도 부끄러운 열정이기에 사람들은 비겁하게도 그것을 절대로 털어놓지 않는다.

28.

시기심은 우리의 것이거나, 우리의 것이라고 생각하는 재산을 보존하는 일에만 눈독을 들이기 때문에, 어떻게 보면 정당하고, 이치에 맞는 것이다. 그러나 질투는 다른 사람의 재산을 잠자코 보고 있을 수 없는 격렬한 열정이다.

29.

우리가 박해를 받거나 미움을 받는 이유는 대개 악행보다는 장점 때문이다.

30.

우리는 의지를 넘어서는 힘을 가지고 있다. 그런 까닭에 우리가 어떤 일을 할 수 없다고 생각하는 것은 종종 자신을 위한 도피처를 마련하려는 것이다.

31.

만일 우리에게 결점이 없다면 다른 사람의 결점을 알아챘을 때 이렇게까지 기뻐하지 않을 것이다.

32.

질투는 의혹 속에서 자라난다. 의혹이 확신으로 바뀌면 질투
는 즉시 광기가 되거나 소멸한다.

33.

오만은 항상 무언가가 빠져나간 빈자리를 메워준다. 그래서
허영심을 버렸을 때에도 우리가 잃는 것은 아무것도 없다.

34.

만일 우리가 오만하지 않다면, 다른 사람이 오만하다고 투덜
대지는 않을 것이다.

35.

오만하지 않은 사람은 없다. 다만 그것을 드러내는 수단과 방
법이 다를 뿐이다.

36.

사람을 행복하게 하기 위하여 신체 기관을 이다지도 교묘하게 만들어낸 자연은, 동시에 오만함을 주어서 사람을 불완전을 아는 고통에서 벗어나게 한 것은 아닐까?

37.

잘못을 저지른 사람을 훈계할 때에는 친절보다 오만이 작용한다. 우리는 그들의 잘못을 고치기 위해서라고 하지만, 그보다는 우리가 과오 따위를 범할 사람이 아니라는 것을 그들이 믿게끔 하기 위해서 훈계한다.

38.

우리는 기대하는 일이 있을 때 약속을 하고, 마음에 걸리는 일이 있을 때 약속을 지킨다.

39.

욕심은 온갖 말을 하고, 온갖 배역을 연기한다. 욕심 없는 사람의 역할까지도.

40.

욕심은 사람의 눈을 멀게도 하지만, 사람의 눈을 뜨게도 한다.

41.

작은 일에 몸을 바치는 사람은 보통 큰일을 하기 어렵다.

42.

우리는 언제나 이성적으로 행동할 만한 힘을 가지고 있지는 않다.

43.

사람은 다른 사람의 손에 이끌려 걸어가고 있을 때에도 자기 스스로 걸어가고 있다고 착각한다. 따라서 머리가 어떤 목표를 향할 때, 마음은 알지 못하는 사이에 다른 곳으로 이끌어가기도 한다.

44.

정신이 강하다거나 약하다고 말하는 건 정확한 표현이 아니다. 정신의 강하고 약함은 사실 신체 기관이 잘 움직이고 있다든가 그렇지 않다든가 하는 문제일 뿐이다.

45.

사람의 변덕은 운명의 변덕보다 한층 더 종잡을 수 없다.

46.

철학자가 삶에 애착을 갖느냐 냉담하게 구느냐는 그들이 자기 자신을 사랑하는 마음, 즉 이기심을 좋아하느냐 그렇지 않느냐에 따라 달라질 뿐이다. 말투나 좋아하는 색깔과 마찬가지로 이러쿵저러쿵 말할 만한 것은 아니다.

47.

사람은 기질에 따라 천운으로 횡재를 할지라도 그것을 공연히 잘난 체한다.

48.

행복은 취향에 달린 것이지 사물에 달린 것이 아니다. 사람은 자기가 좋아하는 것을 손에 넣으면 그로써 행복한 것이지, 다른 사람이 좋다고 하는 것을 손에 넣는다고 해서 행복해지는 것은 아니다.

49.

사람은 결코 스스로 생각하는 것만큼 행복하지도, 또 불행하지도 않다.

50.

자기에게 재능이 있다고 생각하는 사람은 불행을 명예로 생각한다. 그것은 자신이 운명의 포로가 될 만한 가치가 있다는 것을 스스로, 또 다른 사람이 믿게 하기 위해서이다.

51.

사람은 칭찬했던 일을 때에 따라서는 비판하게 된다. 그때만큼 자기만족이 크게 떨어지는 순간은 없을 것이다.

52.

운명과 운명 사이에 어느 정도 차별이 있어 보이더라도, 행운과 불운의 작용이 모든 운명을 평등하게 한다.

53.

어떤 사람이 빼어난 재능을 타고났다 한들 위대한 사람을 만드는 것은 재능뿐만이 아니라 재능과 손잡은 운명이다.

54.

철학자가 부귀를 경멸하는 것은 손에 넣지 못한 부귀를 멸시함으로써 그들이 가진 재능을 무시한 운명의 부당함에 복수하려는 감춰진 욕망 때문이다. 그것은 가난하고 초라한 모습을 남에게 보이지 않는 비결이자 부귀로는 받을 수 없었던 세상의 존경을 얻기 위한 우회로다.

55.

사랑받는 사람에 대한 증오는 오직 사랑받고 싶은 마음에서 나온다. 사랑받고 있는 사람을 멸시하면서 사랑받지 못해서 생긴 불만을 위로받고 완화시키는 것이다. 그러나 우리가 이렇게 행동한다 해도 그들에게 보내어지는 세상의 존경을 빼앗을 수는 없다.

56.

사회적 지위를 얻기 위해서는 이미 대단한 지위를 가진 사람인 양 행세할 수 있어야 한다.

57.

사람이 아무리 자신이 이룬 큰일을 뽐낼지라도 그것은 대개 큰 계획에 따른 결과가 아니라 우연히 얻은 결과이다.

58.

행위에도 행운이나 불운이 따른다. 우리의 행위가 사람들에게 칭찬을 받거나 비방을 받거나 하는 것은 대개 행운과 불운에 달려 있다.

59.

아무리 불행한 일이라도 유능한 사람이라면 거기에서 이로운 점을 찾아내어 취하고, 또 아무리 행복한 일이라도 분별이 없는 사람이라면 복을 화로 바꾸어 손해를 입는다.

60.

운명은 자신이 아끼는 사람에게만 모든 수단을 동원해서 행운을 준다.

61.

사람의 행복과 불행은 기질에 원인이 있다기보다는 오히려 운명에 원인이 있다.

62.

솔직함이란 마음을 있는 그대로 모두 보여주는 것이다. 세상에 솔직한 사람은 얼마 없다. 우리가 마주하는 솔직함은 대개 다른 사람에게 신뢰를 얻으려는 교묘한 위선에 지나지 않는다.

63.

거짓을 싫어하는 마음은 자기 뜻이 존중받기를 바라고, 자기 말이 교리처럼 존경받기를 바라는, 눈에 보이지 않을 만큼 작은 야심이다.

64.

진실은 세상을 이롭게 한다. 그러나 진실로 위장한 행위는 세상에 더 많은 해를 끼친다.

65.

세상 사람들은 신중함에 칭찬을 아끼지 않는다. 그러나 우리가 아무리 신중해도 모든 재난을 피할 수는 없다.

66.

유능한 사람은 이해득실의 문제를 순서대로 질서 있게 해결해간다. 그러나 우리는 탐욕에 사로잡히면 이러한 질서를 어지럽힌다. 많은 것을 동시에 붙잡으려 애쓰다 보면 아무런 가치도 없는 것을 탐내어 가장 중요한 것을 놓치기두 한다.

67.

행동에 예의가 필요 하듯이 정신에는 맑은 눈이 필요하다.

68.

사랑을 정의하기란 쉽지 않다. 다만 이렇게 말할 수 있을 뿐이다. 사랑에 빠지면 영혼은 지배하고 싶은 열정으로 가득 차고, 정신은 동정을 품으며, 육체는 사랑의 대상을 소유하려는 은밀하고도 미묘한 욕망에 사로잡힌다.

69.

다른 열정이 섞이지 않은 순수한 사랑이 이 세상에 있다 해도, 그것은 마음속 깊숙이 숨어 있어서 자기 자신도 알 수 없다.

70.

사랑하면 사랑하지 않는 척을 할 수 없고, 사랑하지 않으면 사랑하는 척을 할 수 없다.

71.

사랑이 식었을 때, 사랑했던 시절의 모습을 부끄럽게 생각하지 않는 사람은 거의 없다.

72.

결과적으로 볼 때 사랑이란 우정보다는 오히려 증오에 가깝다.

73.

욕정을 단 한 번도 느껴보지 못한 사람은 있어도, 단 한 번만 느껴본 사람은 없다.

74.

사랑의 모습은 하나이다. 그러나 사랑의 모사품은 헤아릴 수 없이 많다.

75.

사랑과 불은 똑같은 성질을 가졌으니, 끊임없이 움직여야 지속될 수 있다. 희망이나 걱정 같은 것이 사라지면 즉시 소멸한다.

76.

참된 사랑이란 망령과 같다. 누구나 이야기하지만 실제로 본 사람은 거의 없다.

77.

우리는 무수한 관계에 사랑이라는 이름을 붙인다. 그렇지만 베네치아의 영주가 베네치아 길거리에서 일어나는 잡다한 일들과 관련이 없는 것과 마찬가지로 참다운 사랑이란 세상에서 말하는 사랑과는 거리가 멀다.

78.

정의에 대한 사랑이란 대부분의 사람에게는 불의를 잠자코 보고 있는 두려움에 지나지 않는다.

79.

침묵은 자신감 없는 사람이 택하는 가장 안전한 방책이다.

80.

우정이 변하기 쉬운 이유는 영혼은 알기가 어렵고 이성은 알기 쉽기 때문이다.

81.

우리는 자기 자신과 관련된 것 이외에는 아무것도 사랑할 수 없다. 자신보다 친구가 좋다고 할 때에도 자신의 취향과 즐거움을 좇을 뿐이다. 그럼에도 불구하고 자신보다 친구를 더 좋아하는 경우에만 오직 진실하고 완전한 우정이 생겨날 수 있다.

82.

우리가 적과 화해하는 것은 우리의 형편을 좀 더 좋게 하려는 욕망 때문이다. 즉, 싸움에 따른 피로감과 더불어 좋지 못한 결과를 두려워하는 마음에서 나온 행위에 불과하다.

83.

세상에서 말하는 우정이란 일종의 교제 관계이다. 오직 이해에 따라 관계를 맺고 오직 부탁을 하고, 들어주는 사이일 뿐이다. 즉, 이기심을 앞세우며 서로 이익을 챙기려는 거래에 불과하다.

84.

친구를 믿지 못하는 것은 친구에게 속는 것보다 더 부끄러운 일이다.

85.

우리는 우리보다 강한 사람을 사랑한다는 사실을 믿어 의심치 않는다. 그러나 우정을 낳는 것은 오직 이해관계뿐이다. 우리가 헌신하는 것은 상대를 위해서가 아니라 상대로부터 어떤 호의를 바라서이다.

86.

우리의 불신은 상대의 기만을 정당화한다.

87.

만약 사람들이 서로 속고 속이지 않는다면 사회는 유지될 수 없을 것이다.

88.

우리의 이기심은 친구로부터 받는 만족의 크기에 따라 친구의 장점을 확대하기도 하고 축소하기도 한다. 우리는 친구가 우리를 대하는 태도를 바탕으로 친구가 지닌 가치를 올리기도 하고 내리기도 하는 것이다.

89.

사람은 누구나 자기의 기억력이 부족하다고 불평한다. 그러나 누구도 판단력이 부족하다고 불평하지는 않는다.

90.

인간관계에서 우리는 주로 장점보다는 단점으로 다른 사람들에게 기쁨을 준다.

91.

동경하는 목표에 도달하는 일이 절대로 불가능하게 되었는데도 이에 개의치 않는 것만큼 커다란 야심은 없다.

92.

자기의 재능에 마음을 빼앗긴 사람을 정신 차리게 하는 것은 쓸데없는 일이니, 항구에 들어오는 배가 모두 자기 것이라고 믿었던 아테네의 미치광이[2]를 치료한 사람의 참견과 조금도 다를 것이 없다.

93.

노인은 교훈 주기를 좋아한다. 그것은 자신이 이미 다른 사람에게 나쁜 본보기를 보일 수 없게 되었음을 스스로 위안하기 위해서이다.

94.

높은 명예가 그것을 지탱할 능력이 없는 사람에게 주어지면 그들을 드높이기는커녕 오히려 깎아내린다.

95.

비범한 능력은 그것을 시기하는 사람들조차도 그 능력을 칭찬하지 않을 수 없다는 사실을 깨닫게 될 때 증명된다.

96.

은혜를 베풀었던 사람과 자신을 비교하며 스스로 은혜를 모르는 잘못을 저질렀다고 생각지 않는 사람이야말로 배은망덕한 사람이다.

97.

정신과 판단이 별개의 것이라는 생각은 잘못되었다. 판단은 정신의 빛의 위대함을 보여주는 것에 불과하고, 정신의 빛이야말로 사물의 근본을 구명하고, 모든 것을 인식하고, 언뜻 보아 눈에 띄지 않는 사물까지도 알아차리는 것이다. 따라서 우리가 판단의 결과라고 생각한 것조차 정신의 빛이 비추는 범위에서 이루어지는 결정이다.

98.

누구나 자기 감정에 관해서는 그럴싸한 이야기를 늘어놓게 마련이지만, 자기의 이성에 관해서는 아무도 그럴 만한 용기를 내지 못한다.

99.

정신의 예의는 올바르고 아름다운 일을 생각하는 것이다.

100.

정신의 애교는 아첨과 추종을 아름답게 표현하는 것이다.

101.

어떤 일은 연구에 연구를 거듭해서 이루어지기보다 완전한 형태로 우리의 정신에 떠오르는 경우가 많다.

102.

이성은 언제나 감정에 넘어가게 마련이다.

103.

자기의 정신세계를 알고 있는 사람이라고 해서 모두 자기의 감정을 아는 것은 아니다.

104.

사람이든 일이든 제각각 그것을 살피기에 적당한 거리가 있다. 올바른 판단을 하기 위해서 가까이에서 보지 않으면 안되는 경우도 있고, 멀리 떨어져서 봐야만 올바른 판단을 할수 있는 경우도 있다.

105.

합리적인 사람이란 직관적으로 사물의 이치를 깨우치는 사람을 말하는 것이 아니다. 이치를 알고 이치를 판별하고 이치를 음미하는 사람을 말하는 것이다.

106.

사물을 올바르게 알기 위해서는 사물의 세세한 점까지 살펴야 한다. 그런데 사물의 세세한 점은 거의 무한하다. 그러므로 우리의 지식은 항상 피상적이고 불완전하다.

107.

절대로 아첨을 하지 않는다고 일부러 말하는 것 역시 아첨을 하는 것이다.

108.

정신에는 감정의 영향이 오래가지 못한다.

109.

젊은이는 혈기에 따라 취향을 바꾸고, 노인은 습관에 눌려서 취향을 고수한다.

110.

세상 사람들이 주기를 아까워하지 않는 것은 조언밖에 없다.

111.

사람은 누군가를 사랑하면 할수록 그 사람을 미워하는 심정
에 더욱더 가까워지는 법이다.

112.

정신의 흠집은 얼굴의 주름살과 같이 나이를 먹음에 따라 더
욱 많아진다.

113.

좋은 결혼은 있다. 그러나 아름다운 결혼은 없다.

114.

적에게 속고 친구에게 배반을 당한 마음은 무엇으로도 달랠
수 없다. 그러나 우리 스스로를 속이고 배반할 때에는 흔히
만족을 얻는다.

115.

눈치 채지 않게 다른 사람을 속이기는 어렵지만 모르는 사이에 자기 자신을 속이기는 쉽다.

116.

의견을 구하거나 의견을 말하는 것처럼 솔직하지 않은 것은 없다. 의견을 구하는 자는 친구가 생각하는 바에 마음에서 우러나오는 경의를 표한다. 그러면서 사실은 친구를 자기 의견에 동의하게 하고, 자기의 행동에 대한 책임을 지우려고 생각하는 것이다. 한편, 의견을 말하는 자는 욕심과는 거리가 먼, 진지한 얼굴로 상대가 보이는 신뢰에 보답한다. 그런데 뚜껑을 열어보면 흔히 의견을 이야기하면서 자기 자신의 이익이나 명예만을 추구한다.

117.

상대가 놓은 덫에 걸려든 척하는 것만큼 교활한 행동은 없다. 하지만 다른 사람을 속이려고 할 때만큼 다른 사람에게 쉽사리 속는 때는 없다.

118.

절대로 다른 사람을 속이지 않겠다고 마음먹을 때 우리는 자
칫 다른 사람에게 속아서 쓴맛을 보게 되는 법이다.

119.

우리는 사람들 앞에서 그럴듯한 가면을 쓰는 버릇이 있다. 그
러다가 나중에는 자기 자신을 대할 때에도 가면을 쓰게 된다.

120.

우리는 계획에 의해서보다는 오히려 나약한 마음 때문에 배
신을 하는 경우가 많다.

121.

사람들이 종종 착한 일을 하는 것은 악한 일을 했을 때 벌을
받지 않으려는 속셈이다.

122.

사람이 스스로의 열정을 견딜 수 있는 것은 의지 덕분이라기보다는 열정의 약함 때문이다.

123.

자만이 없다면 인생은 조금도 즐겁지 않을 것이다.

124.

가장 교활한 사람은 중대한 일이 일어났을 때 얻을 수 있는 큰 이익을 노리면서 한평생 모든 교활한 술책을 비난하며 살아간다.

125.

교활한 처신은 천박한 사람이라는 증거이다. 그런 사람은 한 장소에서 꼬리를 숨기는 데 성공했더라도 다른 장소에서는 결국 뿔을 드러내고 만다.

126.

교활한 행동과 배신은 모두 수완이 모자라는 데 기인한다.

127.

다른 사람에게 속는 가장 확실한 방법은 자기가 다른 사람보다 교활하다고 생각하는 일이다.

128.

지나친 예민함은 섬세함과 거리가 멀다. 참다운 섬세함은 적절한 예민함이다.

129.

교활한 사람에게 속지 않기 위해서는 투박함만으로 충분할 수 있다.

130.

약함만이 아무리 노력해도 고칠 길이 없는 결점이다.

131.

사랑을 하는 것이 사랑에 빠진 사람의 가장 작은 결점이다.

132.

다른 사람에게 현명하기가 자기 자신에게 현명하기보다 쉽다.

133.

훌륭한 모사품은 원작이 얼마나 보잘것없는지를 가장 잘 보여준다.

134.

가지지 않은 것을 가진 척해서 세상의 웃음거리가 될 수는 있지만 가진 것 때문에 세상의 웃음거리가 되는 일은 없다.

135.

우리는 다른 사람과 다른 것처럼 때로는 자기 자신과도 다르다.

136.

세상에는 사랑 이야기를 듣지 않았다면 결코 사랑을 하지 않았을 사람들이 있다.

137.

우리는 대부분 허영의 꼬임에 넘어가 말수가 많아진다.

138.

우리는 자기 이야기를 전혀 하지 않기보다는 자기 홍보기를 좋아한다.

139.

대화를 할 때 이해심이 많고 유쾌해 보이는 사람이 드문 이유 중 하나는, 사람은 십중팔구 상대방의 이야기에 정확한 대답을 하기보다는 자기가 말하고자 마음먹은 내용으로 대화를 이끌어가기 때문이다. 아무리 대화에 능숙하거나 상냥한 사람이라 해도 그저 관심이 있는 듯한 표정을 보이며 상대방의 이야기에 귀를 기울이면서도 자기가 말하고 싶은 주제로 한

순간이라도 빨리 이야기를 돌리고 싶은 조바심이 눈빛에 나타난다. 사람들은 자기 자신의 뜻대로 대화를 이끌어가는 것이 다른 사람을 기쁘게 하거나 설득하거나 하는 데에는 전혀 도움이 되지 않으며, 잘 듣고 잘 대답하는 것이 대화할 때의 훌륭한 태도라는 것을 알지 못한다.

140.

재치 있는 사람은 만일 어리석은 자들이 주변에 없다면 몹시 난처해질 것이다.

141.

우리는 홀로 있어도 외롭지 않다고 말하며 흔히 이를 자랑한다. 눈에 차지 않는 사람은 상대하고 싶어 하지 않을 정도로 자만심이 강한 것이다.

142.

사소한 몇 마디 말로 많은 일을 이해시키는 것이 큰 사람의 특징이다. 그에 반하여 소인배는 많은 말을 늘어놓으면서 하나도 쓸모 있는 말을 못하는 재능을 타고났다.

143.

우리가 다른 사람의 아름다운 성품을 과장해서 칭찬하는 것은 그들을 귀중하게 생각하는 마음보다는 우리 자신의 식별 능력을 귀중히 생각하는 마음에서 비롯한다. 그리고 우리는 제법 남을 칭찬하는 시늉을 하면서도 사실 자기 자신이 칭찬받기를 바라는 것이다.

144.

사람은 자기에게 돌아올 이익이 없으면 결코 아무도 칭찬하지 않는다. 칭찬은 교묘하고도 은밀하며 또 미묘한 아첨이니, 칭찬하는 사람과 칭찬받는 사람 모두를 만족시킨다. 칭찬받는 사람은 그것을 자기 재능의 보수로 받아들이고, 칭찬하는 사람은 그것이 자신의 공정성과 식별력을 나타내준다고 생각하는 것이다.

145.

우리는 종종 애매하고 솔직하지 못한 칭찬을 즐겨 한다. 다른 식으로는 폭로할 수 없는 감추어진 결점이 칭찬을 통해 교묘하게 드러나기 때문이다.

146.

사람은 대개 칭찬을 받기 위해서 다른 사람을 칭찬한다.

147.

거짓된 칭찬보다 약이 되는 비판을 더 고마워할 만큼 현명한 사람은 세상에 매우 드물다.

148.

칭찬이 되는 꾸짖음이 있는가 하면 비난이 되는 칭찬이 있다.

149.

칭찬을 받고 겸양하는 것은 다시 칭찬을 받고 싶은 욕심의 표현이다.

150.

다른 사람에게 칭찬받을 만한 일을 하려는 마음은 우리의 미덕을 강하게 한다. 그리고 재능과 지혜와 용기와 용모의 아름다움에 보내는 찬사는 그것을 증대시킨다.

151.

다른 사람에게 지배당하지 않는 것은 다른 사람을 지배하는 것 이상으로 힘들다.

152.

만일 우리가 자만하지 않는다면, 다른 사람이 아부를 하더라도 그것이 우리에게 해가 되는 일은 없을 것이다.

153.

재능은 타고 나는 것이지만, 그것이 세상에서 쓰일 수 있게 하는 것은 행운이다.

154.

행운은 이성이 교정하지 못한 많은 결점을 교정해준다.

155.

재능이 있어도 다른 사람을 불쾌하게 만드는 사람이 있는 반면, 단점이 많아도 다른 사람을 유쾌하게 해주는 사람이 있다.

156.

세상에는 터무니없는 일을 그럴듯하게 꾸며서 말하는 재주밖에 없는 사람이 있다. 그렇다고 해서 만일 그들이 행동을 고친다면 그야말로 모든 것이 엉망진창이 되어버릴 것이다.

157.

뛰어난 사람들을 평가하려면, 그들이 영예를 얻기 위해서 어떤 수단과 방법을 취했는지에 관심을 두어야 한다.

158.

아첨은 인간의 허영 없이는 통용되지 않는 위조지폐이다.

159.

훌륭한 능력을 가지는 것만으로는 충분하지 않다. 그것을 올바르게 쓸 줄 알아야 한다.

160.

아무리 눈부신 행위일지라도 그것이 원대한 계획에 근거하지 않은 한 위대하다고 할 수 없다.

161.

행위와 계획 사이에는 균형이 필요하다. 원하는 결과를 손에 넣고 싶다면.

162.

평범한 재주를 그럴듯하게 추켜세우는 기술이 있다면 세상 사람들을 속여서 진정한 가치보다 더 높은 평가를 받을 수 있다.

163.

겉으로는 어리석기 짝이 없어 보이더라도 숨겨진 의도가 더할 나위 없이 현명하고 견실한 행위가 세상에는 무수히 많다.

164.

현재 하고 있는 일의 적임자로 보이기보다 하고 있지 않은 일의 적임자처럼 보이기가 더 쉽다.

165.

교양 있는 사람들의 존경은 우리의 가치로 얻을 수 있고, 대중의 존경은 행운으로 얻을 수 있다.

166.

세상은 가치 있는 사람보다 가치가 있어 보이는 사람을 더 대우하는 경향이 있다.

167.

탐욕은 낭비보다는 검약에 반대된다.

168.

희망은 비록 믿을 만한 것은 못 되지만 우리를 기분 좋게 인생의 종착지로 이끌어준다.

169.

게으르고 용기가 없는 사람은 의무를 구속으로 생각하지만, 성실하고 용기 있는 사람은 의무에 구속되는 것을 크나큰 영광으로 삼는다.

170.

꾸밈없이 솔직하고 진지한 행동이 성실함 때문인지, 아니면 교활함 때문인지 판별하기란 쉽지 않다.

171.

강이 바다로 흘러들어가 사라지듯이 미덕은 개인의 욕심 속으로 사라진다.

172.

권태의 여러 가지 결과를 깊이 살펴본다면 개인의 욕심보다 권태가 더 의무를 저버리게 한다는 것을 알게 될 것이다.

173.

호기심에는 두 종류가 있다. 하나는 자신에게 이익이 될 일을 알고 싶어 하는 호기심, 즉 욕심으로부터 생기는 호기심이다. 다른 하나는 교만에서 오는 호기심, 즉 다른 사람이 알지 못하는 일을 알고 싶어 하는 마음에서 생기는 호기심이다.

174.

장차 일어날지도 모르는 불행을 미리 걱정하기보다 눈앞의 불행을 참고 견디는 데 마음을 쓰는 것이 더 낫다.

175.

변하지 않는 사랑이란 대상의 온갖 장점을 앞에 두고 그중에서 한 가지씩 가려내어 차례차례로 집중하며 사랑을 이어간다는 측면에서 끊임없는 변화라고 할 수 있다. 그렇다면 변하지 않는 사랑은 동일한 대상에 얽매인 변덕에 지나지 않는다.

176.

변하지 않는 사랑에는 두 가지 유형이 있다. 하나는 사랑하는 사람에게서 새로운 사랑의 이유를 끊임없이 발견함으로써 가능하다. 다른 하나는 절개와 지조를 지키는 것을 명예로 삼기 때문에 가능하다.

177.

잘 참고 견딘다는 것은 비난받을 일도 아니고 칭찬받을 일도 아니다. 그것은 버릴 수도 없고 획득할 수도 없는 취미와 감정이 지속되는 것에 불과하기 때문이다.

178.

우리가 새로운 친구에게 마음이 끌리는 것은 오랜 친구에게 느끼는 권태나 변화를 주고 싶은 욕망 때문만은 아니다. 그보다는 우리를 너무나 잘 아는 사람들로부터 흡족한 존경을 받지 못하게 된 데에 대한 불만 때문이자, 우리를 그다지 잘 알지 못하는 사람들로부터 좀 더 존경을 받고 싶은 희망 때문이다.

179.

우리는 때로 친구에 대한 불평과 불만을 대충 묻어둔다. 이는 떳떳치 못한 우리 자신을 미리 정당화하는 행동이다.

180.

반성은 잘못을 저질러서 유감이라는 측면도 있지만, 장차 또 잘못을 저지르지나 않을까 하는 두려움이기도 하다.

181.

사람의 변덕은 정신의 경박함 혹은 다른 사람의 견해를 모두다 받아들이는 정신의 허약함에서 온다. 일이 싫어지는 데서 오는 변덕도 있는데 이 경우가 그나마 좀 낫다.

182.

약품을 조합할 때 독약이 섞여드는 것과 마찬가지로 미덕 속에도 악덕이 끼어든다. 이 두 가지를 조절하여 삶 속의 재앙을 밀어내기 위해서 인간에게는 조심성이 필요하다.

183.

미덕의 이름을 더럽히지 않기 위해서라도 가장 큰 불행은 죄악으로 인해 생겨난다는 데 이의를 제기해서는 안 된다.

184.

우리가 자기의 결점을 드러내는 것은 그에 대한 부정적인 평가를 솔직함으로 만회하기 위해서이다.

185.

선행에 영웅이 있는 것처럼, 악행에도 영웅이 있는 법이다.

186.

악덕하다고 모두 경멸받지는 않는다. 그러나 미덕을 하나도 갖추고 있지 않는 사람은 예외 없이 경멸당한다.

187.

미덕도 악덕과 마찬가지로 욕심에 이용된다.

188.

정신 건강은 육체 건강과 마찬가지로 믿을 수 있는 것이 못 된다. 건강할 때 병이 나듯이 욕정에서 자유로운 듯 보여도 자칫하다가는 욕정에 사로잡힐 위험이 있다.

189.

사람은 태어날 때부터 각자 덕행과 악행의 한계가 정해진 것이 아닐까?

190.

위대한 사람만이 크나큰 결점을 가질 수 있다.

191.

인생길에는 갖가지 악덕이, 차례차례로 묵어가지 않으면 안되는 여관의 주인처럼 우리를 기다리고 있다. 만일 같은 길을 다시 한 번 가게 된다면 우리는 그 악덕들을 피할 수 있을까?

192.

악덕이 우리를 버릴 때, 우리는 스스로 그것을 떨쳐냈다고 믿고 자만한다.

193.

육체의 병과 마찬가지로 정신의 병도 재발할 수 있다. 다 나은 것 같아도 대개는 일시적인 진정에 지나지 않거나 병세가 달라졌을 뿐이다.

194.

정신의 결함은 육체의 상처와 같다. 아무리 그것을 없애려고 애써도 상처는 아물지 않고 언제 다시 덧날지 몰라 마음을 졸일 수밖에 없다.

195.

사람이 한 가지 악덕에 깊이 빠져들 수 없는 이유는 여러 가지 악덕을 가지고 있기 때문이다.

196.

사람은 자기만 아는 자기의 잘못은 쉽사리 잊는다.

197.

악한 일을 저지르는 모습을 보기 전에는 악행을 할 것이라고 는 도저히 믿어지지 않는 사람이 있다. 그러나 악한 일을 저지르는 것을 보고 "어떻게 그럴 수가 있나" 하고 반드시 놀라야 하는 사람은 없다.

198.

우리는 어떤 사람의 영예를 추켜세우기 위해 다른 사람의 영예를 헐뜯으려고 한다. 콩데 공과 튀렌 원수[3]의 경우에도 만일 어느 쪽도 깎아내리고 싶지 않았다면 어느 쪽도 추켜세우지 않았을 것이다.

199.

능력이 좋다는 평판을 얻으려는 욕망은 자칫 능력을 키우는 데 방해가 된다.

200.

만일 허영이라는 동반자가 없었다면 미덕은 이렇게 먼길을 가지 못했을 것이다.

201.

자기 혼자서 세상을 살아갈 수 있다고 믿는 사람은 어리석다. 자기가 없으면 세상은 돌아갈 수 없다고 믿는 사람은 더욱 어리석다.

202.

현명한 척 하는 사람은 자신의 결점을 숨기고 감추는 사람이요, 현명한 사람은 자기 자신의 결점을 철저히 알고 고백하는 사람이다.

203.

현명한 사람은 한결같이 자랑하는 일이 없는 사람이다.

204.

성실한 사람들에게 끊임없이 주목을 끌고 싶어 하는 사람이야말로 참으로 성실한 사람이다.

205.

어리석음은 일평생 끊임없이 우리를 쫓아다닌다. 만일 어떤 사람이 현명해 보인다면 그것은 단순히 그 사람의 어리석음이 그의 나이와 운명에 맞추어 균형을 이루었기 때문이다.

206.

어리석은 사람 중에는 자시 자신의 어리석음을 알고 이를 능란하게 이용하는 사람이 있다.

207.

어리석은 짓을 전혀 하지 않고 살아가는 사람도 자기가 믿고 있는 만큼 현명하지 않다.

208.

사람은 늙어감에 따라 점점 어리석어지기도 하고, 그와 반대로 현명해지기도 한다.

209.

세상에는 금세 사라져버리는 유행가 같은 사람이 있다.

210.

세상은 대개 인기라든가 부라는 척도만으로 사람을 평가한다.

211.

영예를 사랑하는 마음, 치욕에 대한 두려움, 부귀를 이룩하려는 속셈, 안락하고 쾌적한 생활을 바라는 욕심, 급기야 남을 깎아 내리려는 못된 시기심, 이런 것들이야말로 흔히 현 사회에서 갈채를 받는 용기라는 것의 본거지이다.

212.

힘없는 병사에게 용기란 생계를 위해 억지로 떠맡은 위험한 임무이다.

절정에 이른 용기와 비겁은, 사람이 도달하기 어려운 양 극단이다. 둘 사이의 거리는 멀다. 더구나 용기라고 할 수 없는 온갖 종류의 용기를 포함하면 마치 사람의 용모와 기질의 차이처럼 큰 차이를 보여준다.

자진해서 어려운 상황에 몸을 던지며 싸움을 시작하지만, 싸움이 오래되면 긴장했던 마음이 누그러지면서 어이없이 실망하고 낙담하는 사람이 세상에는 얼마든지 있다. 한 번 사람들로부터 신망을 얻으면 쉽사리 거기에 만족하여 위태로운 상황을 헤쳐 나갈 만한 기백을 거의 보여주지 못하는 사람도 있다. 언제나 공포의 바늘방석 위를 벗어나지 못하는 사람도 있다. 그런가 하면 놀라고 겁을 먹은 사람들 속에 얼떨결에 휩쓸려 버리는 사람도 있다. 자기 자리를 지킬 용기가 없어서 습격에 나서는 사람도 있다. 이따금 당하는 사소한 위험 덕분에 습관이 된 용기가 솟아나와 더 큰 위험을 무릅쓸 만한 기개를 든든히 세우는 사람도 있다. 칼을 휘두르는 데에는 용감하지만 총격에는 겁을 집어먹는 사람도 있다. 그런가 하면 총격에는 자신만만하지만 칼을 휘둘러 싸우는 것은 두려워하는 사람도 있다. 이렇게 용기에는 다양한 유형이 있다. 그러나 밤이 되면 공포가 커지고 행위의 선악이 가려지므로, 용기역시 나오기를 꺼려한다는 점에서는 모두들 다를 것이 없다.

그리고 또 하나, 거의 모든 사람이 용기 내기를 두려워하는 경우가 있다. 절대로 죽을 염려가 없음을 아는 경우에는 무슨 일이든 저지르는 사람도, 그렇지 않은 경우에는 쉽게 나서지 못하는 법이다. 그렇다면 죽음을 두려워하는 마음이 용기로부터 무엇인가를 빼앗아가는 게 분명하다.

214.

완전한 용기란 모두가 보는 앞에서 할 수 있는 일을 아무도 보지 않는 곳에서도 해치우는 것이다.

215.

용맹함은 수많은 위험에 당면했을 때 마음에 솟아오르는 동요와 혼란과 감동을 단호하게 초월하는 정신의 비상한 힘이다. 영웅들은 이 힘 덕분에 세상이 놀랄 만한 재앙에도 동요하지 않고 침착하게 합리적인 판단을 할 수 있었다.

216.

위선이란 악덕이 미덕에 바치는 찬사이다.

217.

많은 사람이 전쟁에서 위험을 무릅쓰고서라도 자신의 명예를 지키려고 한다. 그러나 운명을 건 승부에서 승리하기 위해서 끊임없이 위험을 무릅쓰려고 하는 사람은 드물다.

218.

허영과 체면, 그리고 특히 기질은 남자를 용기 있게 하고 여자를 정숙하게 한다.

219.

사람은 생명은 잃고 싶어 하지 않으면서 영예는 얻고 싶어 한다. 용기 있는 자가 죽음을 피하기 위해서, 재산을 지키려고 소송을 일삼는 사람보다 더한 수완과 지혜를 보이는 까닭이 바로 여기에 있다.

220.

늙음이라는 고개를 오를 무렵이 되면 정신과 육체가 쇠퇴하지 않은 사람은 거의 없다.

221.

은혜를 갚는 것은 거래를 유지시킨다는 의미에서 상인의 성실함과 전혀 다르지 않다. 빌린 돈을 갚는 이유는 그것이 옳기 때문이 아니라 돈을 빌려줄 사람을 좀 더 쉽게 찾아내기 위해서이다.

222.

은혜를 반드시 갚는 사람이라고 해서 은혜에 충분히 감사하고 있다고 자만해서는 안 된다.

223.

이만큼 은혜를 베풀었으니까 이만한 감사는 받을 것이라는 기대와 다른 결과가 돌아오는 이유는 주는 사람의 오만과 받는 사람의 오만이 은혜의 가치를 다르게 매기기 때문이다.

224.

너무 서둘러서 은혜를 갚으려는 것 역시 일종의 배은망덕이다.

225.

행복한 사람은 자기 자신을 잘 파악하지 못한다. 그들은 그저 운이 좋아서 불운을 피해온 것인데도 언제나 자신이 올바르게 살아가고 있다고 생각한다.

226.

오만은 빌리기를 좋아하지 않는다. 그리고 이기심은 갚기를 좋아하지 않는다.

227.

우리는 누가 자기에게 이로운 일을 해주면 그 사람이 나쁜 짓을 하더라도 관대하게 보려고 한다.

228.

모방처럼 사람에게 잘 퍼지는 것은 없다. 우리가 저지르는 크고 작은 일들 중에 모방과 무관한 것은 단 한 가지도 없다. 우리는 경쟁심에 쫓겨 선행을 따라 하기도 하고 수치심에서 해방되고 싶은 사악한 천성에 의해 악행을 따라 하기도 한다.

229.

오직 자기 혼자만 현명한 사람이 되고자 하는 것이 가장 큰 어리석음이다.

230.

우리가 슬픈 이유를 아무리 갖다 댄다고 해도 그것은 결국 욕심과 허영의 다른 표현일 뿐이다.

231.

슬픔 속에는 여러 종류의 위선이 있다. 한 가지 예로 친한 사람의 죽음을 한탄하는 일을 빙자하여 사실 자기 자신을 안쓰러워하는 경우를 들 수 있다. 이때의 슬픔은 친한 사람이 자기에게 품었던 호의가 더 이상 없음을 아쉬워하는 것이다. 친한 사람이 자신을 소중히 여겨줄 때 느꼈던 행복이나 즐거움이 덧없이 사라져가는 것을 한탄하는 것이다. 그리하여 죽은 사람들은, 살아 있는 사람들이 그들 자신을 위해 흘리는 눈물을 나누어 받을 뿐이다. 이러한 종류의 슬픔 속에서 사람은 스스로를 위해 한탄하는 것이므로 나는 이와 같은 것을 가리켜 일종의 위선이라고 한다.

세상에는 또 다른 위선이 있다. 사람은 누구나가 그 속임수에 걸리므로 상당히 죄가 되는 위선이다. 비통함이 불멸하도록, 그것을 아름답고 화려하게 장식하려는 사람들의 슬픔이 바로 그것이다. 이런 사람들은 일체를 무로 돌리는 '시간'이 그들의 가슴속 슬픔을 소멸시킨 뒤에도 끈덕지게 울고, 끈덕지게 한탄하고, 끈덕지게 한숨을 쉬지 않고는 견디지 못한다. 그들은 이제 보기만 해도 가슴 아픈 무대 위의 배우가 되어, 현세에는 단절될 수 없는 번민을 온갖 동작으로 다른 사람에게 호소하려고 노력한다. 다시 말해 이런 슬픔은 비참하면서도 괴로운 허영심의 표현이며, 보통 야심 많은 여성에게서 발견된다. 여자들에게는 인생의 화려한 길을 걷는 것이 거의 허용되지 않으므로 하염없는 슬픔을 드러내면서 세상의 이목을 끌려고 애쓰는 것이다.

여기에 또 한 종류의 눈물이 있다. 이 눈물은 조그만 샘에서 솟아난다. 흐르기도 마르기도 쉬운 눈물샘이다. 이런 눈물을 흘리는 사람들은 정 많은 사람이라는 평판을 얻으려고 마음먹고 운다. 동정을 바라며, 또 다른 사람이 같이 울어주기를 바라며 운다. 마침내는 울지 않는 것이 부끄럽기 때문에 운다.

232.

모두가 인정하는 이야기까지도 덮어놓고 반대하는 사람은 당연히 분별이 없다 하겠으나, 오만 때문에 그렇게 행동하는 경우가 더 많다. 즉 고집스런 우두머리가 될지언정 얌전한 추종자는 되지 않으려는 것이다.

233.

친구가 불행을 겪더라도 그것을 기회로 자신의 우정을 친구에게 보여줄 수 있다면 우리는 그것으로 쉽사리 위안을 얻는다.

234.

이기심이 친절함에 속아 자기 자신을 망각하기 때문에 우리는 다른 사람의 이익을 위해 일할 수 있다. 그리고 그것이 목표에 도달하기 위한 가장 확실한 길이다. 베푼다는 명목으로 높은 이자로 돈을 빌려주는 것이며, 마침내 빈틈없는 미묘한 수단으로 온 세상 사람들을 장악하는 것이다.

235.

때때로 사나울 수 없다면 친절한 사람으로서 세상의 칭송을 받을 자격은 없다. 그 외의 친절은 거의 언제나 게으름이나 나약한 의지에 지나지 않는다.

236.

대부분의 사람들에게 악한 일을 하는 것이 지나친 선을 행하는 것보다 차라리 덜 위험하다.

237.

위대한 사람에게 신뢰를 받는 것처럼 우리의 오만한 마음을 부채질하는 일은 없다. 우리는 신뢰를 재능의 대가라고 생각할 뿐, 그것이 대부분 허영이나 비밀을 간직할 수 없는 마음에서 나온다는 것을 깨닫지 못하기 때문이다.

238.

아름답지 않음에도 매력을 느끼는 이유를 말하자면 법칙으로는 설명할 수 없는 어떤 균형 때문이다. 전체 모습의 선과

혈색, 풍채와 외모 사이의 은밀한 관계 덕분이라고도 말할 수 있다.

239.

우리는 다른 사람을 전혀 방해하지 않는다고 생각할 때 곧잘 그들을 방해한다.

240.

처음부터 불가능한 일은 없다. 우리에게는 일을 성취하기 위한 수단과 방법보다 열의가 더 부족할 뿐이다.

241.

최고의 실력은 사물의 가치를 꿰뚫어보는 데에서 나온다.

242.

자기의 실력을 감출 줄 아는 것이야말로 크나큰 실력이다.

243.

아량은 때때로 조그만 이익에 관심을 두지 않음으로써 큰 이익을 손아귀에 넣기 위한 위장된 야심에 지나지 않는다.

244.

많은 사람이 보여주는 성실함은 다른 사람의 신뢰를 얻으려는 이기심의 조작에 지나지 않는다. 즉, 다른 사람을 눈 아래로 내려다보면서중요한 것을 가지려는 술수인 것이다.

245.

아량은 모든 것을 경멸함으로써 모든 것을 얻으려는 마음이다.

246.

웅변은 어떤 말을 할지 선택함으로써 표현되지만, 동시에 말하는 사람의 어조, 눈빛, 그리고 표정으로도 나타난다.

247.

최고의 웅변은 모든 것을 이야기하면서 말해야 할 것만을 말하는 것이다.

248.

세상에는 결점을 그럴듯하게 활용하는 사람이 있는 반면, 장점을 어떻게 간수해야 할지 몰라서 쩔쩔매는 사람도 있다.

249.

취향이 변하는 일은 흔하지만, 성향이 변하는 일은 드물다.

250.

어떤 미덕이나 악덕도 이익과 욕심이 있어야 발현된다.

251.

세상 사람들은 가끔 다른 사람을 복종시키기 위해 거짓으로 스스로를 낮추어 복종하는 척한다. 스스로를 높이기 위해 스스로를 낮추는 오만한 자의 상투적인 수단인 것이다. 오만한 마음은 무척 다양하게 표현되지만, 자기를 낮추는 복종의 탈을 쓸 때 가장 교묘하게 몸을 숨길 수 있으며, 가장 능란하게 다른 사람을 속일 수 있다.

252.

모든 감정에는 각기 고유한 색이 있고, 몸짓이 있고, 모양이 있다. 이것들을 어떻게 어우러지게 하느냐에 따라서 우리는 다른 사람을 기쁘게도 하고 싫증이 나게도 한다.

253.

어떤 상황에 있든지 사람은 그럴듯한 표정을 짓고 그럴듯하게 외모를 꾸며서 자기의 심정을 다른 사람에게 이해시키려고 한다. 그러므로 세상은 온통 표정으로 뒤범벅되어 있다고 할 수 있다.

254.

엄숙한 태도란 정신의 결점을 숨기기 위해 육체를 신비롭게 꾸민 것이다.

255.

훌륭한 취향은 재능보다는 오히려 판단력에서 나온다.

256.

사랑의 기쁨은 사랑을 하는 데 있다. 그러므로 사람은 상대가 주는 열정보다는 자신이 가진 열정 덕분에 행복하다.

257.

일상생활에서의 우아한 행동은 다른 사람에게 대접받고 싶은 마음의 표현이자, 세련된 사람이라는 인상을 주고 싶은 마음의 표현이다.

258.

일반적으로 세상에서 젊은이들이 받는 교육은 그들의 마음속에 제2의 이기심을 불어넣는다.

259.

사랑을 할 때처럼 자기애에서 비롯한 열정이 기운차게 혈기를 떨칠 때는 없다. 그러므로 사람은 흔히 자기 마음의 평정을 잃기보다는 상대방 마음의 평정을 희생시키고 싶어 한다.

260.

은혜라고 이름 붙은 것은 거의 언제나 베푼다는 허영에 불과하다. 우리는 베푸는 일 그 자체보다도 베푼다는 허영에 이끌린다.

261.

연민은 때로는 다른 사람의 불행을 통해서 자기 자신의 불행을 생각하는 것으로서, 장차 우리가 빠질지도 모르는 불행을 미리 교묘하게 경계하는 마음이다. 우리가 다른 사람을 돕는 것은 똑같은 불행을 만났을 때 상대방의 도움을 받기 위해서이다. 다시 말해 우리가 다른 사람을 동정하고 돕는 것은 자기 자신을 위한 계산된 행위이다.

262.

편협한 생각이 고집을 낳는다. 우리는 우리 시야 밖에 있는 것은 쉽게 믿으려 하지 않기 때문이다.

263.

야심이나 사랑처럼 격렬한 열정이 항상 다른 열정을 이긴다는 생각은 틀리다. 게으른 마음은 비록 너절할지라도 종종 모든 열정을 지배한다. 그리고 온갖 기도와 행위를 잠식하는 한편 알지 못하는 사이에 인간의 열정과 미덕을 파괴하고 소멸시킨다.

264.

충분히 살펴보지 않고 어떤 행위를 악이라고 단정지어버리는 것은 오만함과 게으름의 소행이다. 그래서 사람은 죄인을 찾아내려고 하면서도 그 죄를 소상히 알아보려고 하지는 않는다.

265.

우리는 눈곱만 한 이익에 얽매여 재판관들을 비난한다. 그러나 질투심, 선입관, 판단력 부재로 인해 많은 사람들이 우리를 비판하고 우리의 명성과 덕망과 명예를 헐뜯으려 할 때에는 온갖 수단과 방법을 동원하여 재판관들이 우리에게 유리한 판결을 내리게 하려고 노력한다.

266.

자기가 행하는 악을 모두 알 만큼 똑똑한 사람은 아마 없을 것이다.

267.

이미 얻은 명예는 앞으로 얻을 명예의 담보물이다.

268.

청춘은 언제나 취해 있는 상태를 말한다. 즉, 이성의 열병이다.

269.

아무리 칭찬해도 부족할 정도의 일을 한 사람이 아주 작은 일을 하고서 뽐내려고 한다면 그보다 인품을 떨어뜨리는 일은 없을 것이다.

270.

세상에서 인정을 받는 사람 중에는 사람을 사귀는 데 필요한 악덕 이외에 아무런 재주도 없는 사람이 있다.

271.

사랑에서 새로운 것의 아름다움은 과실을 맺기 위해 피는 꽃과도 같다. 사랑은 꽃처럼 반짝이지만 그 빛은 속절없이 사라져 영원히 돌아오지 않는다.

272.

자랑할 만한 예민한 감수성을 가진 아름다운 천성도 욕심이 조금이라도 얼굴을 내밀면 곧 질식해버린다.

273.

상대가 눈앞에서 사라지면 평범한 사랑은 식지만 큰 사랑은 더욱 타오른다. 바람이 불면 촛불은 꺼지지만 큰불은 더욱 거세지는 것과 같이.

274.

우리는 사랑을 하지 않을 때에도 종종 사랑을 맛본다. 변치 않는 사랑의 희망, 구애받을 때의 두근거림, 사랑받는 기쁨 또는 사랑을 거절하는 괴로움, 이러한 것들을 생각하면 완전히 사랑에 빠진 듯한 기분이 되는 것이다.

275.

우리가 중개자에게 자칫하면 불만을 품게 되는 이유는 중개자가 거의 언제나 거래를 성공시키려는 욕심에 거래를 맡긴 사람의 이익을 포기해버리기 때문이다. 더구나 거래를 성공시킨 명예는 중개자에게 돌아가게 마련이다.

276.

우리가 친구의 호의를 과장해서 떠벌리는 것은 그 호의에 감사하는 마음보다 우리가 감사할 줄 아는 사람임을 각인시키려는 욕망 때문이다.

277.

대중이 사회에 첫발을 내딛은 사람을 떠받드는 것은 이미 높은 지위를 차지하고 있는 사람들에 대한 은밀한 시기심 때문이다.

278.

교만한 마음은 우리로 하여금 사람을 몹시 시기하게도 하지만 때로는 시기를 풀어주기도 한다.

279.

그 거짓말에 넘어가지 않으면 사물을 보는 눈이 없는 것처럼 보일 만큼, 능란하게 진실로 위장한 거짓말이 세상에는 얼마든지 있다.

280.

다른 사람의 충고를 잘 받아들일 줄 아는 것은 스스로 잘 판단하는 것 못지않은 뛰어난 능력이다.

281.

만일 악인이 조금이라도 선량한 마음을 지니고 있지 않다면 이처럼 위험하지는 않을 것이다.

282.

아량이라는 말의 뜻은 다들 알 것이다. 그러나 실상 그것은 좋은 판단력을 가진 교만심이자, 다른 사람에게 칭찬을 받기 위한 가장 고상한 방법이다.

283.

사랑이 완전히 끝난 후 그 사랑을 다시 시작하는 일은 불가능하다.

284.

어떤 일에 대하여 여러 가지 방법을 떠올린다면, 풍부한 상상력을 칭찬할 수도 있지만, 떠오르는 모든 것들에 얽매여 단번에 사물의 정수를 파악하지 못하는 통찰력의 결여를 탓해야 할 수도 있다.

285.

어떤 일은 해결책 때문에 오히려 악화되고, 어떤 병은 약을 쓰면 더 나빠진다. 어떤 경우에 약을 쓰면 위험한지를 아는 사람이야말로 제대로 된 능력자인 이유가 여기에 있다.

286.

순진한 척하는 것은 제법 능란한 속임수이다.

287.

정신보다는 기질 속에 더 많은 결점이 있다.

288.

사람의 재능은 과일과 마찬가지로 제각기 알맞은 계절이 있다.

289.

사람의 기질은 대부분의 건물과 마찬가지로 여러 가지 면이 있다. 어떤 부분은 흥미로워도 다른 어떤 부분은 흥미롭지 않을 수 있다.

290.

절제는 야심과 양립할 수 없을 뿐더러 야심과 싸워서 이길 만한 능력도 가지고 있지 않다. 야심이 정신의 활발하고도 불과 같은 움직임이라면, 절제는 정신의 여위고 지친 초라한 모습이다.

291.

우리는 항상 우리를 칭찬하는 사람을 사랑한다. 하지만 반드시 우리가 칭찬하는 사람을 사랑하지는 않는다.

292.

우리가 우리의 의지에 대해 속속들이 알고 있는가 하면 여간해서는 그렇지 않을 것이다.

293.

존경하지 않는 사람을 사랑하기는 어렵다. 그러나 자기 자신보다 존경스러운 사람을 사랑하는 것 역시 어렵다.

294.

체질은 일정하게 향상된다. 그 향상은 우리가 의식하지 못하는 사이에 변화를 만들어내며 의지에 영향을 주어 그 방향을 변경한다. 갖가지 체질이 하나가 되어 움직이고, 차츰차츰 우리의 마음을 좌우하는 것이다. 그러므로 체질은 알지 못하는 사이에 우리들의 온갖 행위에 큰 영향을 미친다.

295.

대부분 사람들의 감사는 더 큰 은혜를 입으려는 숨겨진 욕망의 표현이다.

296.

사람은 거의 모두가 조그마한 은혜에는 기뻐하며 보답을 한다. 그리고 크지도 작지도 않은 정도의 은혜는 감사하게 여긴다. 그러나 큰 은혜를 입고서는 의리를 저버리지 않는 사람이 거의 없다.

297.

어리석음은 세상에 전염병처럼 퍼져나간다.

298.

재물을 우습게 여기는 사람은 많다. 그러나 그것을 베풀 줄 아는 사람은 별로 없다.

299.

우리가 어떠한 일이 일어나든 거리끼지 않는다는 생각으로
겉모습에 휘둘리지 않는 경우는 아주 작은 이익이 걸려 있을
때뿐이다.

300.

사람들이 제아무리 우리에게 듣기 좋은 말을 해준다 해도 거
기서 새롭게 배울 만한 것은 없다.

301.

우리는 때때로 우리를 괴롭힌 사람을 용서해주지만 우리가
괴롭혔던 사람은 용서하지 못한다.

302.

욕심은 우리로 하여금 온갖 죄악을 짓게 하지만 가끔은 착한
일을 하게도 한다.

303.

혜택을 베풀 수 있는 여건이 되는 한 사람은 자기 자신에게
야박하게 굴지 않는다.

304.

다른 사람들 앞에서 자만하는 것은 우스운 짓이지만 스스로
자만하는 것은 정직한 행동이다.

305.

사람들이 절제를 미덕으로 삼는 이유는 위대한 사람의 야심을
제한하고, 평범한 사람의 불운과 무능을 위로하기 위해서다.

306.

세상에는 어리석음을 타고난 사람이 있다. 그들은 스스로 자
주 어리석은 짓을 할 뿐만 아니라, 운명마저도 그들이 어리석
은 짓을 하게끔 만든다.

307.

세상에는 어리석어야만 뚫고 나갈 수 있는 재난도 가끔 일어
난다.

308.

어리석은 모습을 전혀 보이지 않은 사람이 있다면 그것은 아무
도 그의 어리석은 모습을 찾아내려 하지 않았기 때문이다.

309.

서로 사랑하는 두 사람이 함께 있으면서 지루함을 느끼지 않
는 이유는 계속 자기 이야기만 하고 있기 때문이다.

310.

우리는 자기에게 벌어진 일은 크건 작건 빠짐없이 모두 기억
할 수 있는 능력을 가졌으면서 그 일들을 같은 사람에게 몇
번이나 이야기했는지 기억할 수 있는 능력은 왜 가지지 못한
것인가?

311.

우리는 자기 이야기를 할 때 매우 즐겁지만, 그 이야기를 듣는 사람은 전혀 즐겁지 않다는 것을 알아야 한다.

312.

우리가 친구를 솔직하게 대하지 못하는 것은 그 친구를 신뢰하지 못하기 때문이기도 하지만, 그보다 자기 자신을 신뢰할 수 없기 때문이다.

313.

약한 사람은 솔직할 수 없다.

314.

은혜를 모르는 사람을 돕는 것은 큰 불행이 아니다. 그러나 정직하지 않은 사람에게 도움을 받는 것은 견딜 수 없이 큰 불행이다.

315.

어리석음은 고칠 수 있다. 그러나 삐뚤어진 마음은 바로잡을
수 없다.

316.

친구나 은인의 결점을 조금도 개의치 않고 입에 올린다면, 그
들에게 품은 좋은 감정이 오래 지속될 수 없을 것이다.

317.

권력자에게 그가 지니지 못한 수많은 미덕을 들어서 찬사를
바치는 것은 처벌받을 걱정 없이 권력자를 마구 욕하는 것이
나 다름없다.

318.

우리는 바라는 것 이상으로 우리에게 사랑을 주는 사람을 사
랑하기보다 우리를 미워하는 사람을 사랑하는 쪽을 택한다.

319.

경멸당하는 것을 두려워하는 사람은 경멸받아야 할 사람이다.

320.

현명함은 부귀와 마찬가지로 운명의 물결을 타고 사람들 사이를 떠돌아다닌다.

321.

질투는 사랑보다 이기심에서 생겨난다.

322.

이성의 힘으로는 우리에게 닥친 불행을 이겨낼 수 없을 때, 우리는 자기의 나약함을 탓하며 스스로를 위안한다.

323.

어리석은 행동은 불명예 그 자체보다 더 불명예스럽다.

324.

우리가 조그마한 결점을 고백하는 것은 오직 큰 결점이 없다는 것을 사람들이 믿게 하고 싶을 때뿐이다.

325.

다른 사람을 질투하는 마음은 미워하는 마음보다 더 다루기 힘들다.

326.

사람은 때로 아첨을 싫어하는 듯 보이지만 단지 아첨의 방법을 싫어하는 것뿐이다.

327.

우리는 누군가를 사랑하면 그의 죄를 용서하게 된다.

328.

사랑하는 사람에게 충실하기란 상대에게 구애할 때보다 상대가 자신에게 푹 빠졌을 때 더욱 어렵다.

329.

사랑을 할 때에는 상대방을 속이려는 마음이 상대방을 경계
하는 마음을 이기기 쉽다.

330.

진정으로 깊은 사랑에는 질투가 끼어들 틈이 없다.

331.

어떤 장점은 마치 감각 기관과 같아서, 그것을 가지고 있지
않은 사람은 그것을 뚜렷이 볼 수도 이해할 수도 없다.

332.

증오가 너무 심해지면, 우리는 증오하는 사람보다 못난 사람
이 된다.

333.

우리가 느끼는 행복의 크기는 오직 이기심의 크기에 달려 있다.

334.

대부분의 재능과 지혜는 이성보다는 오히려 어리석음을 키운다.

335.

젊은 사람의 열정이 노인의 미적지근한 성품만큼 삶에 지장을 주지는 않는다.

336.

입에 붙은 사투리가 떨어지지 않는 것처럼 정신과 감정도 서로 떼려야 뗄 수 없다.

337.

큰 인물이 되기 위해서는 어떠한 운명이라도 이용할 수 있어야 한다.

338.

사람도 나무와 마찬가지로 자신이 무엇을 가지고 태어났는지
알지 못하며, 뜻하지 않는 계기로 자신의 특질을 알게 된다.

339.

다른 사람에게 자신을 알릴 수 있는 기회는 스스로를 알 수
있는 기회이기도 하다.

340.

사람은 자신의 기질에 맞지 않는 규칙을 머리로나 마음으로
나 받아들이지 않는다.

341.

우리는 우리와 생각을 함께하는 사람들만을 지각 있는 사람
으로 인정한다.

342.

우리는 사랑을 할 때 흔히 가장 믿고 싶은 것을 의심한다.

343.

사랑의 가장 큰 기적은 아양을 없애주는 것이다.

344.

우리가 속임수를 쓰는 사람에게 분노하는 것은 그가 우리보다 뛰어난 능력을 가졌다고 믿기 때문이다.

345.

이미 서로 사랑하지 않게 되었더라도 인연을 끊는 것은 괴로운 일이다.

346.

싫증을 내면 안 되는 사람을 상대하는 것은 싫증 나기 쉬운 일이다.

347.

교양 있는 사람은 미칠 듯한 사랑에 빠질 수는 있어도 바보 같은 사랑을 하지는 않는다.

348.

결점도 잘만 활용한다면 미덕보다 더 빛날 수 있다.

349.

누군가가 죽었을 때 슬퍼하기보다는 아쉬워하는 경우가 있는 반면, 슬프지만 조금도 아쉬워하지 않는 경우도 있다.

350.

우리가 진정으로 칭찬하는 사람은 마음으로부터 존경하는 사람뿐이다.

351.

속이 좁은 사람은 작은 일에 쉽게 기분이 상한다. 마음이 넓은 사람은 작은 일도 빼놓지 않고 충분히 살피지만 그것 때문에 기분이 상하거나 하지는 않는다.

352.

스스로를 낮추는 것은 기독교의 진정한 미덕이다. 이 미덕이 없다면 우리는 결점을 결코 고칠 수 없을 것이다. 다만 교만한 마음이 결점을 가려서 타인에게는 물론이고 때로는 우리 자신에게도 보이지 않게 될 뿐이다.

353.

부정한 행동은 당연히 사랑을 소멸시킨다. 따라서 질투할 만한 일이 있더라도 질투를 해서는 안 된다. 질투를 해도 좋을 때는 질투 따위는 전혀 할 생각이 없는 상대에 대해서뿐이다.

354.

사람은 극히 사소한 피해라도 그 피해를 입은 상대 앞에서는 다른 사람에게 용서받을 수 없는 피해를 주었을 때보다도 훨씬 더 머리를 숙이고 쩔쩔매는 법이다.

355.

질투는 항상 사랑과 더불어 생겨난다. 그러나 반드시 사랑과 함께 소멸하지는 않는다.

356.

우리가 연인의 죽음을 슬퍼하는 것은 그를 사랑했기 때문이기도 하지만 다른 사람에게 사랑받을 만한 사람으로 보이기 위해서이기도 하다.

357.

다른 사람에게 박한 대우를 받는 것은 자기 자신에게 박한 대우를 받는 것보다 덜 쓰라리다.

358.

사람들은 극히 드문 경우를 제외하고는 배우자에 관해 이러쿵저러쿵 이야기해서는 안 된다는 것을 충분히 알고 있으나, 자기 자신의 이야기를 늘어놓아서는 안 된다는 것은 잘 알지 못한다.

359.

성품 중에는 아름답게 타고났으나 몸에 배면서 결점이 되는 것이 있고, 후천적으로 생겨서 완전하지 않은 것도 있다. 그러므로 우리는 이성의 힘으로 행복과 신뢰를 잘 지켜나가야 한다.

360.

상대의 진실성을 의심하면서도, 우리는 언제나 상대가 다른 사람들에게 말할 때보다 훨씬 진실하게 말하고 있다고 생각한다.

361.

아무리 교양이 있더라도 자기의 의무에 싫증을 내지 않는 사람은 드물다.

362.

사랑의 감정을 억누르는 일은 때로 사랑하는 사람의 매정함보다 더 가혹하다.

363.

겁쟁이 중에 자기가 무엇을 왜 두려워하는지 철저히 알고 있는 사람은 거의 없다.

364.

사랑을 언제 끝내야 할지 모르는 것이야말로 사랑에 빠진 사람이 가지기 쉬운 결점이다.

365.

많은 젊은이는 무례하고 거친 행동을 자연스러운 것으로 착각한다.

366.

다른 사람을 속이기 위해 흘리는 눈물은 종종 자기 자신까지도 속인다.

367.

누군가를 사랑을 하면서, 사랑하기 때문에 당연히 사랑받고 있다고 생각한다면 그야말로 큰 착각이다.

368.

못난 사람은 자기의 능력을 벗어나는 일이라면 어떻게든 헐뜯으려고 덤빈다.

369.

시기심은 참다운 우정을 만나면 사라지고, 아양은 참다운 사랑을 만나면 사라진다.

370.

통찰력의 최대 결점은 목적을 이루지 못할 때 드러나는 것이 아니라, 목적을 지나쳐버릴 때 드러난다.

371.

조언해주는 사람은 많지만, 실행하게끔 의욕을 북돋아 주는
사람은 드물다.

372.

인품이 저급해지면 취향 또한 저속해진다.

373.

태양이 사물의 모양을 자세히 드러내듯이 운명은 우리의 미
덕과 악덕을 비춘다.

374.

사랑하는 사람을 배신하지 않으려고 자제하는 것은 부정한
짓을 저지르는 것과 그다지 다르지 않다.

375.

우리의 행동은 얼핏 운율을 맞춘 것처럼 보이지만 자기 좋을

대로 문구를 늘어놓은 시와 같다.

376.

솔직함이란 자기 이야기를 하고 싶은 욕망과 다른 사람에게
필요한 만큼만 자기의 결점을 보이고 싶은 욕망일 뿐이다.

377.

아직도 우리가 놀랄 일이 남았다는 사실만이 놀라울 뿐이다.

378.

사랑하는 사람을 그리워하며 생각할 때나 거의 사랑의 감정
없이 생각하게 되었을 때나 우리가 만족하지 못하는 것은 매
한가지이다.

379.

잘못을 저지르고도 괴로워할 줄 모르는 사람은 다시 잘못을
저지르게 된다.

380.

어리석은 사람은 친절한 사람이 될 수 없다.

381.

허영은 모든 미덕을 뒤집어엎지는 못할지라도 뒤흔들 수는
있다.

382.

우리가 다른 사람의 허영심을 참고 견딜 수 없는 것은 그것이
자신의 허영심에 상처를 주기 때문이다.

383.

사람은 취향을 포기하기보다 이익을 포기하게 마련이다.

384.

운명의 혜택을 입지 않은 사람만이 운명에 맹목적으로 기댄다.

385.

운명은 건강과 같은 것이므로 잘 다루어야 한다. 운명이 순풍에 돛을 달았을 때는 그것을 즐길 것. 미쳐 날뛸 때에는 참을 것. 어쩔 수 없는 상황이 아니라면 절대로 섣불리 맞서지 말 것.

386.

속물적인 기질이 군대에서는 사라지는 일이 있지만, 궁중에서는 결코 없어지지 않는다.

387.

어떤 한 사람보다는 능력 있는 사람이 될 수는 있으나, 다른 모든 사람보다 능력 있는 사람이 될 수는 없다.

388.

사랑하는 사람에게 속는 것이 사랑의 미혹을 깨닫는 것보다 덜 불행하다.

389.

다른 사랑을 하기 전까지 우리는 첫사랑을 놓지 못한다.

390.

"나에게는 결점이 없다", "나의 적에게는 장점이 없다"라고 모두에게 단언할 용기가 우리에게는 없다. 그렇다고 우리가 그렇게 믿지 않는 것도 아니다.

391.

우리가 가진 온갖 결점 중에서 우리가 가장 쉽게 인정하는 결점은 게으름이다. 그것이 다른 미덕을 파괴해버리지는 않으며 다만 평온한 미덕들에 달라붙어서 그 활동을 가로막을 뿐이라고 믿기 때문이다.

392.

세상에는 운명에 좌우되지 않는 고귀한 취미가 있다. 이것은 우리를 뛰어난 존재로 만들고, 위대한 업적에 종사할 마음을 가지게 한다. 또한 이것은 우리가 알지 못하는 사이에 자기 자신에게 부여하는 가치이다. 우리는 이러한 장점을 매개로 하여 다른 사람들에게 무한한 존경을 받는다. 우리는 신분이나 지위, 업적보다 이런 장점 덕분에 다른 사람의 우위에 설 수 있다.

393.

숭고함을 수반하지 않는 재능이 있다. 그러나 아무런 재능도 수반하지 않는 숭고함은 없다.

394.

재능이 숭고함을 가지는 것은 아름다운 여자가 장신구를 하는 것과 같다.

395.

상대방을 유혹하려는 마음에서 빠진 것, 그것이 바로 사랑이다.

396.

운명은 때로 우리의 처지를 향상시키기 위해 우리의 결점을 이용한다. 그런데 세상에는 결점조차 제대로 드러내지 못해 모처럼의 장점도 인정받지 못하는 사람도 있다.

397.

우리의 정신 밑바닥에는 타고났지만 우리가 미처 깨닫지 못한 재능이 숨겨진 듯하다. 열정만이 그것을 발휘시킬 수 있으며, 때로는 노력으로도 가질 수 없을 만큼 확고하고 완전한 견해를 우리에게 제공한다.

398.

사람은 완전히 백지 상태로 인생의 각 단계를 맞는다. 그래서 아무리 나이를 먹어도 항상 경험이 부족함을 느낀다.

399.

여자는 연인의 질투를 자랑한다. 이는 다른 여자를 시샘한다는 사실을 감추고 싶기 때문이다.

400.

우리는 다른 사람의 속임수에 걸렸을 때 우리의 꼴이 우스웠던 것은 생각지도 못하고, 우리의 속임수에 걸려든 사람만을 우스꽝스럽게 생각한다.

401.

노인이 가장 우스워 보일 때는 많은 사람의 마음을 들뜨게 할 만큼 매력적이었던 시절이 이미 지나갔다는 사실을 망각할 때이다.

402.

아무리 훌륭한 행동일지라도 만일 그 행동을 한 동기가 전부 세상에 알려진다면 우리는 부끄러움을 느끼지 않을 수 없을 것이다.

403.

우정이 만들어내는 가장 큰 시련은 친구에게 우리의 결점을 보이는 일이 아니라, 친구가 자기 자신의 결점을 보게 하는 일이다.

404.

결점을 숨기고 가리려고 동원하는 갖가지 수단만큼 용서할
수 없는 결점은 없다.

405.

우리가 아무리 치욕스러운 일을 했다고 할지라도, 이를 만회
할 기회는 대부분 주어진다.

406.

임기응변의 재주밖에 없는 사람은 다른 사람에게 긴 즐거움
을 주지는 못한다.

407.

바보와 어리석은 사람은 자기의 기질대로만 사물을 본다.

임기응변의 재주는 때때로 어리석은 일을 대담하게 저지르게 한다.

늙어갈수록 활력이 넘치는 것은 어리석음과 크게 다르지 않다.

사랑의 상처를 제일 먼저 치료한 사람이 가장 잘 치료한 사람이다.

아양을 떠는 것처럼 보이기 싫은 젊은 여자와 웃음거리가 되기 싫은 노인은 절대로 자신도 할 수 있다는 듯이 사랑을 입에 올려서는 안 된다.

412.

우리는 능력에 비해 작은 일을 할 때에는 훌륭하다는 말을 들을 수 있지만 능력에 넘치는 일을 할 때에는 하찮아 보이기 쉽다.

413.

우리는 이따금 고난을 겪으면서도 그 불행을 견뎌낸다. 하지만 생명을 앗아갈 것 같은 불행 속에서 겁쟁이처럼 두려워하면서도 자신을 지킬 뿐 불행을 직시할 용기는 없다.

414.

임기응변의 재주보다는 신뢰가 말에 힘을 실어준다.

415.

열정은 우리가 실수를 하게 한다. 그중에서도 사랑은 가장 우스꽝스러운 실수를 하게 한다.

416.

자신이 늙었음을 아는 사람은 드물다.

417.

우리는 자기가 지닌 결점과 반대되는 결점을 소중히 여긴다.
약한 사람일수록 완강하다고 자랑하듯이.

418.

통찰력이 있으면 미래를 내다볼 수 있다. 하지만 그 능력은
정신의 다른 모든 장점을 뛰어넘어서 허영심을 부추긴다.

419.

새로운 매력과 오래된 습관, 이 두 가지는 반대되지만 둘 다
우리로 하여금 친구의 결점을 느끼지 못하게 한다.

420.

대다수의 친구는 우정을 싫어하고 대다수의 신자는 신앙심

을 싫어한다.

421.

우리는 친구의 결점 중에서 자기와 관계가 없는 부분은 관대
하게 넘긴다.

422.

사랑을 하는 여자는 작은 실수보다 큰 잘못을 더 쉽게 용서
한다.

423.

사랑이 끝나갈 무렵에 사람은 인생의 노년기와 마찬가지로
불행 때문에 살아갈 뿐, 즐거움 때문에 살아가지는 않는다.

424.

자연스러워 보이려는 마음처럼 자연스러움을 해치는 것은
없다.

425.

훌륭한 행동을 기꺼이 칭찬하는 것은 그 행동에 동참하고 싶은 욕심 때문이다.

426.

큰 장점을 타고났다는 가장 분명한 증거는 다른 사람을 시기하는 마음이 없는 것이다.

427.

친구가 우리를 속였을 때에는 상대가 우정을 가장해도 그저 무관심하게 있으면 되지만, 친구가 비참한 일을 당했을 때에는 언제나 관심을 기울여야 한다.

428.

운명과 기질이 세상을 지배한다.

429.

인류에 대해 아는 것이 개개인을 아는 것보다 쉽다.

430.

사람의 인품은 어떤 큰 장점을 가졌는지로 판단할 것이 아니라, 그 장점을 어떻게 운용하고 있는지로 판단해야 한다.

431.

우리는 친구가 베풀어준 데 대해 보답함으로써 은혜를 갚을 뿐만 아니라, 친구로 하여금 빚진 것 같은 기분을 느끼게 한다.

432.

만일 우리가 스스로 무엇을 원하는지 완전히 안다면, 무엇인가를 향한 견딜 수 없는 욕망은 생기지 않을 것이다.

433.

여자들이 우정에 그다지 마음을 쓰지 않는 이유는 사랑을 알게 되면 우정은 무미건조하게 느껴지기 때문이다.

434.

우정은 사랑과 마찬가지로 흔히 다른 사람이 아는 일로 행복
을 주기보다는, 다른 사람이 알지 못하는 일로 행복을 준다.

435.

우리는 고칠 수 없는 결점을 오히려 자랑으로 삼으려고 한다.

436.

격렬한 열정도 가끔은 우리에게 휴식을 주지만 허영심은 항
상 우리를 불안에 떨게 한다.

437.

늙어서도 어리석은 사람은 젊고 어리석은 사람보다 더 어리
석게 마련이다.

438.

악덕보다는 나약함이 더 미덕에 반대된다.

439.

치욕과 질투로 인한 괴로움이 이렇게까지 극심한 것은 허영심
이 그런 괴로움을 견디는 데 전혀 도움이 되지 않기 때문이다.

440.

예의는 가장 강제적이지 않은 도리이나 세상에서 가장 잘 지
켜지는 도리이다.

441.

올바른 사람은 비뚤어진 무리를 이끌기보다는 그들에게 복
종하는 편이 덜 괴롭다.

442.

운명에 이끌려서 차근차근 오른 것도 아니고 자신이 갈망하여

올라간 것도 아닌데 우연하게 높은 지위에 올랐을 경우, 그 지위를 차지할 만한 사람임을 증명하기란 거의 불가능하다.

443.

우리가 다른 결점을 고쳐갈수록 교만은 더욱 커진다.

444.

재능 있는 어리석은 사람처럼 귀찮은 존재는 없다.

445.

자기의 장점을 하나하나 따져보다 보면, 자신이 세상의 존경을 한몸에 받고 있는 사람보다 더 나은 사람이라고 생각하게 된다.

446.

큰일을 도모할 때에는 기회를 만들어내려고 애쓸 것이 아니라 눈앞의 기회를 이용하는 데 힘을 써야 한다.

447.

누군가 우리를 욕하는 것이 아니라면, 행여 우리를 칭찬한다고 한들 못 들은 척해서 손해 볼 일은 없다.

448.

우리가 통찰력을 가지지 못했을지라도, 그릇된 가치를 높이 평가하는 경우는 있을지언정 사람의 참다운 가치를 낮게 평가하는 경우는 별로 없다.

449.

재주 있는 어리석은 사람은 있어도 판단력 있는 어리석은 사람은 없다.

450.

다른 사람에게 거짓으로 꾸민 자신을 보이기보다 있는 그대로의 자신을 보이는 편이 더 많은 이익을 가져다준다.

451.

적이 우리 자신보다 더 객관적으로 우리의 품격을 평가할 수
있다.

452.

사랑을 치료하는 약은 얼마든지 있지만 반드시 효과가 있을
것이라는 보장은 없다.

453.

우리는 열정이 우리에게 어떤 일을 시키는지 충분히 알지 못
한다.

454.

노인은 젊은이가 누리는 즐거움을 방해하려고 안달이 난 폭
군이다.

455.

자신에게 결점이 없다고 큰소리치게 하는 교만은 우리가 지니지 않은 장점 또한 경멸하게 만든다.

456.

우리가 적으로 삼은 사람들의 불행을 가엾게 생각하는 것은 친절한 마음보다 교만한 마음 때문이다. 그들을 동정함으로써 그들 위에 서 있다고 느끼고 싶은 것이다.

457.

행복이든 불행이든 지나치면 우리는 그것을 느끼지 못한다.

458.

억울하게 누명을 쓴 사람은 여간해서는 죄를 지은 사람이 받는 정도의 변호도 받지 못한다.

459.

모든 격렬한 열정 중에서 여자에게 제일 어울리는 것, 그것이
바로 사랑이다.

460.

허영은 이성보다 취향에서 벗어난 일을 훨씬 더 많이 시킨다.

461.

변변치 않은 소질이 큰 재능을 이루는 경우도 있다.

462.

우리가 한결같이 이성을 통해서 바라고 구하는 것은 결코 열
정을 기울여서 구할 수 없는 것이다.

463.

우리의 기질은 좋은 쪽으로든 나쁜 쪽으로든 모두 확실치 않
고 갈피를 잡을 수 없다. 그리고 환경에 따라서 충분히 바뀔

수 있다.

464.

처음 사랑을 할 때 여자는 상대방을 사랑하지만, 또다시 사랑
을 할 때에는 사랑 자체를 사랑한다.

465.

교만한 마음은 다른 열정과 마찬가지로 이해하기 어려운 면
을 가지고 있다. 사람은 지금 질투하고 있다고 솔직하게 말하
기는 부끄러워하면서도 이전에 질투했던 일을 우쭐대며 말
하는가 하면 앞으로 질투할 수 있음은 뽐낸다.

466.

진정한 사랑이 아무리 드물다고 해도 진정한 우정보다 더 드
문 것은 아니다.

467.

인품을 아름다움보다 오래 유지하는 여자는 많지 않다.

468.

동정받고 싶거나 칭찬받고 싶은 마음이 다른 사람에 대한 신뢰에서 가장 많은 부분을 차지한다.

469.

우리의 시기심은 우리가 시기하는 사람들의 행복보다 항상 더 오래 지속된다.

470.

확고한 결심은 사랑을 거부할 수 있게 하지만, 다른 한편으로는 사랑을 불타오르게 하거나 오래 지속시키기도 한다. 그러나 열정에 쉽게 사로잡히는 약한 사람은 진정으로 열정을 만끽하지는 못한다.

471.

사람은 상상력으로도 만들어낼 수 없는 수많은 모순을 태어나면서부터 가지고 있다.

472.

확고한 결의를 가진 사람만이 진정으로 온화한 심성을 가진 사람이다. 겉으로만 온화해 보이는 사람은 대개 나약해서 까다롭게 변하기 쉽다.

473.

비겁함을 극복하게 하려고 비겁함을 나무라는 것은 위험한 행동이다.

474.

진정한 친절은 드물다. 다른 사람에게 친절한 사람 대부분은 그저 환심을 사려 하거나 나약한 마음을 가졌을 뿐이다.

475.

정신은 타성과 게으름에 젖어 편한 것이나 흥미로운 것에만 관심을 가진다. 그래서 우리의 지식을 늘 편협할 수밖에 없다. 하지만 아무도 자신의 정신의 시야를 넓히려고 하거나 먼 곳까지 이끌려고 하지 않는다.

476.

우리는 보통 악의보다는 허영에 이끌려서 다른 사람을 흉본다.

477.

마음의 상처가 완전히 아물었을 때보다 열정의 잔재가 여전히 마음을 흔들 때, 새로운 열정의 포로가 되기 더 쉽다.

478.

일찍이 거대한 열정에 사로잡혔다가 벗어난 사람은 행복하고도 불행한 사람이다.

479.

세상에는 다른 사람을 시기하지 않는 사람보다는 차라리 욕심 없는 사람이 더 많다.

480.

우리는 육체가 해이해지는 것보다 정신이 해이해지는 것을 더 경계해야 한다.

481.

우리가 침착함을 유지할 수 있는 여부는 일생 동안에 일어나는 큰일들에 좌우되기도 하지만, 그보다는 매일 일어나는 사소한 일들이 흡족하게 처리되는지 불쾌하게 처리되는지에 달렸다.

482.

아무리 심술 많은 존재일지라도 미덕을 적으로 삼지는 못할 것이다. 다만 미덕을 박해하고 싶을 때에는 그것을 거짓된 것이라고 모함하거나 어떤 죄악의 근원인 것처럼 말할 뿐이다.

483.

사랑은 야심으로 변하기 쉽지만, 야심이 사랑으로 되돌아가는 일은 거의 없다.

484.

극도의 탐욕은 잘못된 판단을 내리게 만든다. 세상에 이렇게 자주 그 목적으로부터 멀어지는 열정은 없을뿐더러 미래가 어떻게 되든 상관없이 현재만을 생각하며 위세를 떨치는 열정 또한 없다.

485.

탐욕은 때로 상반된 결과를 낳는다. 가능성 없는 희망 때문에 전 재산을 탕진하는 무수한 사람이 있는가 하면 다른 한편에는 눈앞의 사소한 이익에 눈이 멀어 앞으로 얻을 수 있는 막대한 이익을 보지 못하는 사람도 있는 것이다.

486.

사람들은 자기에게 상당한 결점이 있다고는 생각하지 못한

다. 오히려 괴상한 기질을 자랑거리로 삼으면서 결점을 늘려
간다. 그리고 그러한 결점을 끊임없이 보살피므로 나중에는
완전히 몸에 배어서 고치고 싶어도 고칠 수 없게 되어버리는
것이다.

487.

사람들은 자기의 잘못들을 잘 알고 있을 텐데도, 잘못 따위는
절대로 저지르지 않는다는 듯이 말한다. 이기심은 판단력을
흐리게 할 때가 많지만, 자기에 대해 말할 때에는 오히려 판
단력을 키워주는 동시에 사물을 올바르게 보게 해주는 듯하
다. 그들은 이기심에 이끌려 극히 사소한 일일지라도 다른 사
람에게 책잡힐 만한 일은 말하지 않거나 교묘하게 포장해서
말하기 때문이다.

488.

사회에 첫발을 내딛은 젊은이는 수줍어하거나 어리둥절한
모습을 보여야 한다. 능숙한 모습을 보인다면 무례한 사람이
라고 생각할 것이기 때문이다.

489.

어느 한쪽에게만 잘못이 있다면 싸움은 오래가지 않을 것이다.

490.

세상에는 뚜렷한 결점도, 장점도 없는 신통치 않은 사람이 있다. 그런 사람은 그저 경박할 뿐이다.

491.

두 번째 사랑을 하기 전까지 우리가 한 사랑은 첫사랑이 아니라 유일한 사랑이다.

492.

세상에는 사랑을 할 때조차 상대를 전혀 신경 쓰지 않고 자기에게만 몰두할 정도로 자만에 빠진 사람도 있다.

493.

사랑이 즐겁다고들 하지만, 사랑 그 자체가 즐겁다기보다 사랑을 표현하는 수단인 언어나 행동이 더 즐거운 것이다.

494.

큰 재능을 가졌어도 이해심이 적은 사람은 재능이 부족해도 이해심이 많은 사람보다 쉽게 싫증 나는 법이다.

495.

질투는 모든 불행 중에서 가장 큰 불행이다. 그래서 이 불행을 야기하는 사람에게는 전혀 연민의 정이 생기지 않는 것이다.

496.

미덕의 위선에 대해 꽤 길게 이야기했으니, 여기서 죽음을 멸시하는 마음의 허위에 대해서 간단하게라도 이야기해야 마땅하다.

이교도들은 더 나은 삶을 바라는 것도 아니면서 스스로 죽음을 멸시한다고 자랑한다. 죽음을 참고 넘기는 것과 죽음을 멸시하는 것 사이에는 차이가 있다. 전자는 제법 있을 수 있는 일이지만 후자는 결코 솔직하지 못한 행동이다. 죽음이 재앙이 아니라는 사실은 이미 수많은 사람들이 글로 썼고, 의구심을 거둘 수 있도록 이론을 세웠다. 그리고 위대한 사람은 물론 가장 약한 사람도 그 이론을 입증하고자 이미 많은 사람의 입에 오르내린 무수한 본보기를 보였다. 나는 통찰력 있는 사람들이 일찍이 그런 이론을 과연 믿었을지 의심스럽다. 다른 사람을, 또는 자기 자신이 그것을 믿게 하려고 사람들이 고생하는 것만 봐도, 그것이 간단하지 않은 일임을 알 수 있다.

삶을 멸시하는 데에는 여러 가지 이유가 있을 수 있다. 그러나 그렇다고 해서 죽음이 멸시받아 마땅한 것은 아니다. 자진해서 죽음을 택하는 사람들도 죽음을 간단한 것이라고는 생각하지 않는다. 죽음이 그들이 택한 길과 다른 방향에서 밀어닥칠 때, 그들은 다른 사람들과 마찬가지로 놀라기도 하고 피하려고도 한다. 용감한 사람이라고 해서 모든 순간 용감할 수 없는 것은 죽음이 그들의 생각과 다르게 나타나고, 또 때에 따라 더 뚜렷한 모습으로 상상 속에 등장하기 때문이다. 이리하여 사람들은 죽음을 알지 못하면서 멸시하고는 마침내 알고 나서 두려워하게 된다.

죽음이 모든 재앙 중에서 가장 큰 재앙임을 믿고 싶지 않다면, 사람은 죽음을 다른 모든 일과 마찬가지로 똑바로 응시할 수 있어야 한다. 가장 재능 있는 사람과 가장 용기 있는 사람이란 죽음을 마주하지 않을 구실을 만들어내는 사람이다.

누구든지 죽음을 있는 그대로 보게 되면 그것의 무시무시함을 깨달을 수 있다. 누구나 죽지 않을 도리가 없다는 사실 덕분에 철학자들은 죽음에 동요하지 않을 수 있었다. 그들은 가야만 하는 곳에는 의연하게 가야 한다고 믿었다. 그리고 영원히 살 수 없기에, 이 세상에 자기 이름을 영원히 남기고 절망에 빠진 사람을 절망에서 구해내기 위해서 그들이 하지 않은 일이 없었다.

죽음을 앞에 두고 태연하기 위해서는 죽음에 관한 모든 것을 묻고 그 답을 찾아보아야 한다. 그리고 냉정하게 죽음을 맞을 수 있다고 믿게 하는 하잘것없는 추리력에 의지하기보다는 차라리 우리의 기질에 의지하자.

의연하게 죽음을 맞이하는 영예, 자신의 죽음을 세상이 애석하게 여기기를 바라는 희망, 세상에 이름을 남기고 싶은 마음, 비참한 삶에서 해방되어서 이제는 운명의 꼭두각시 노릇을 하지 않을 것이라는 확신 등은 우리가 물리쳐서는 안 될 꿈이지만 동시에 반드시 실현될 것이라고 믿어서도 안 된다. 이런 꿈은 빗발치는 총탄을 무릅쓰면서도 적의 진지로 향하하지 않으면 안 되는 사람이 만나는 낮은 울타리와 같다. 멀리서 볼 때에는 그 뒤에 몸을 숨길 수 있을 것 같지만, 가까이 가서 보면 의지할 만한 것이 아님을 알게 되는 것이다.

멀리서 바라본 죽음의 모습이 가까이서 보는 죽음의 모습과 같을 것이라는 생각, 하잘것없는 우리의 감정이 아무리 냉혹한 시련에 부딪칠지라도 상처를 입거나 고통을 받지 않을 만한 강한 바탕을 가지고 있다는 생각은 자만에 지나지 않는다. 이기심 때문에 이기심마저도 깨뜨려버릴 죽음을 하찮게 생각한다면, 이기심이 무엇인지 제대로 알지 못하는 것이다. 그리고 힘의 원천이라고 생각했던 이성 역시 죽음 앞에서는 너무나 약해서 우리를 원하는 길로 안내하지 못한다. 오히려 이성이야말로 걸핏하면 우리를 배신한다. 우리에게 죽음을 멸시하는 마음을 품게 하는 대신, 죽음의 추악하고도 무서운 면모를 목격하게 하는 것이 바로 이성이다. 죽음에서 눈을 돌려 다른 곳을 보라고 조언해줄 뿐이다.

카토[4]와 브루투스[5]가 시선을 어디로 돌렸는지는 세상이 널리 알고 있다. 또 얼마 전에 어느 하인은 사형대에 올라 곧 수레로 찢겨 죽을 판인데도 즐거운 듯이 춤을 추었다. 행위의 동기는 달랐겠지만 낳은 결과는 같다. 위대한 사람과 평범한 사람 사이에 분명한 차이가 있다 할지라도 죽음을 맞이하는 모습은 별반 다르지 않음을 이미 누차 보아온 터이다. 그것은 틀림없는 사실이다.

유일한 차이가 있다면 위대한 사람이 죽음을 멸시할 때에는 영예를 사랑하는 마음이 죽음의 실체를 가렸기 때문이고, 평범한 사람이 죽음을 멸시할 때에는 단지 판단력이 부족해서 자기에게 닥친 재앙의 크기를 알지 못한 채 다른 생각을 하기 때문이라는 것이다.

497.

신은 자연 속에 갖가지 나무를 심은 것과 마찬가지로 인간 속에도 갖가지 재능을 늘어놓았다. 각각의 재능은 각각의 나무처럼 고유의 성질을 가지고 있다. 그래서 아무리 훌륭한 배나무도 지극히 평범한 사과를 맺을 수 없다. 아무리 훌륭한 재능이라도 다른 평범한 재능을 흉내 낼 수 없다. 그런 까닭에 그만한 재능을 가지지 않았으면서 격언을 이루려고 하는 것은, 튤립의 구근을 한 뿌리도 심어 놓지 않고서 꽃밭에 튤립이 피기를 기대하는 것과 똑같이 우스운 노릇이다.

498.

허영심의 종류는 너무 많아서 도저히 헤아릴 수 없다.

499.

이 세상은 겨 묻은 개를 나무라는 똥 묻은 개로 가득하다.

500.

고귀한 신분을 지나치게 소중히 여기는 사람들 대부분은 정작 어떻게 그런 신분을 가지게 되었는지에는 관심을 가지지 않는다.

501.

우리는 이기심에 취해 스스로를 한껏 높인 채 모든 순간 이기심의 지배를 받고 있으니, 그것은 인간의 원죄를 벌하기 위해 신이 허락한 도취이다.

502.

욕심은 이기심의 영혼이다. 영혼을 빼앗긴 육체는 볼 수도 없고, 들을 수도 없고, 알 수도 없고, 느낄 수도 또 움직일 수도 없다. 다시 말해 욕심 없는 이기심 또한 볼 수도 없고, 들을 수도 없고, 느낄 수도 없고, 움직일 수도 없게 되는 것이다. 자신의 욕심을 위해 바다와 육지를 활발히 돌아다니는 사람이 다른 사람의 이익과 관련된 일에는 불시에 반신불수가 되어버리는 이유는 여기에 있다. 우리가 우리 이야기를 하면 상대가 갑자기 졸거나 입을 다물어버리는 까닭도, 그 이야기에 무엇인가 상대와 관련된 말을 섞으면 그 순간 상대가 갑자기 졸음에서 깨어나는 까닭도 여기에 있다. 우리가 누군가와 이야기를 할 때 상대가 지각을 잃은 사람이 되거나, 지각 있는 사람이 되는 것은 대화의 주제가 이익과 관련됐는지 여부에 달렸다.

503.

모든 것은 언젠가 소멸한다는 사실은 우리를 두려움에 떨게 한다. 그러나 우리는 마치 불멸의 존재인 듯이 무엇이든지 탐을 낸다.

504.

갖가지 미덕의 사이사이에 게으름을 의도적으로 심어놓은 것은 악마의 소행인 듯하다.

505.

다른 사람에게 결점이 있다고 쉽게 믿어버리는 것은 우리가 원하는 바를 그대로 믿기 때문이다.

506.

질투를 치료하는 약은 상상했던 일을 확실히 알게 되는 것이다. 사실을 확인하는 순간 삶을 끝내거나 사랑을 끝내기 때문이다. 독한 약이기는 하지만 의심이라든가 추측에 비하면 그래도 달콤하다.

507.

희망과 공포는 떼려야 뗄 수 없다. 그래서 세상에는 공포스러우면서 희망을 주지 않는 일도 없고, 희망을 주면서 공포스럽지 않은 일도 없다.

508.

다른 사람이 우리에게 진실을 숨긴다고 분노해서는 안 된다. 우리도 빈번히 우리 자신에게 진실을 숨기기 때문이다.

509.

우리가 미덕의 위선을 증명하는 격언에 대한 판단을 유보하는 이유는 마음속으로는 그 격언의 진정성을 거리낌 없이 받아들이기 때문이다.

510.

온 힘을 다해 권력자를 섬기는 마음은 또다른 이기심이다.

511.

행운의 끝이 불운이고, 불운의 끝이 행운이다.

512.

철학자가 재물을 부정적으로 보는 이유는 우리가 그것을 악용하기 때문이다. 장작이 불길을 살리는 것과 마찬가지로 재물은 죄를 기르고 증가시킨다. 우리는 마음먹기에 따라 죄를 짓지 않으면서 재물을 얻고 사용할 수 있다. 재물을 미덕을 위해 바쳐 우리를 즐겁게 할 수도 있고 우리를 빛나게 할 수도 있다.

513.

누군가의 몰락은 그의 적뿐만 아니라 친구도 기쁘게 한다.

514.

이 세상에서 가장 행복한 사람은 아주 적은 재물도 충분하다고 생각하는 사람이다. 이런 점에서 본다면 위대한 사람이나 야심 많은 사람은 가장 비참한 사람이다. 왜냐하면 그들이 행복해지기 위해서는 무수한 재물이 필요하기 때문이다.

515.

사람이 지금과 같은 모습으로 창조되지 않았다는 가장 확실한 증거는 인간이 분별이 생기면 생길수록 자신의 감정과 취향이 무질서하고 저열함을 마음속으로 부끄럽게 생각한다는 점이다.

516.

사람의 속마음을 솔직하게 드러내는 격언을 원수처럼 생각하고 논쟁을 일삼는 것은 그런 격언들로 인해 자신의 속셈이 들통나는 것이 두렵기 때문이다.

517.

우리가 사랑하는 사람은 거의 언제나 우리에게 우리 자신보다 더 큰 힘을 행사한다.

518.

사람은 다른 사람의 결점은 거리낌 없이 비난하면서도 이를 반면교사로 삼아 스스로를 돌아보려고는 하지 않는다.

519.

우리는 사사건건 열정에 휘둘리며 열정의 난폭함을 한탄하면서도 열정의 속박을 벗어나기 위해 인내하지는 못한다. 병의 고통을 견뎌낼 수 없다면, 적어도 쓰디쓴 약은 참고 먹어야 하지 않겠는가?

520.

우리에게 찾아오는 행운과 불행 자체의 크기가 우리 마음을 움직이는 것이 아니다. 우리가 얼마나 크게 느끼느냐에 따라 우리 마음이 움직이는 것이다.

521.

교활함은 빈약한 재능에 불과하다.

522.

누군가를 칭찬하는 것은 이를 기회로 이익을 얻기 위해서이다.

523.

갖가지 열정은 이기심의 다양한 취향들에 불과하다.

524.

극에 달한 권태는 우리를 더이상 권태롭게 하지 않는다.

525.

우리가 세상일에 대해 분별없이 칭찬했다가 비난했다가 하는 이유는 그러는 것이 유행이기 때문이다.

526.

많은 사람들이 신을 믿고 싶어 하지만 그중에 겸손해지고 싶어 하는 사람은 하나도 없다.

527.

육체 활동은 우리를 정신적인 고통에서 해방시킨다. 그래서 가난한 사람들이 행복할 수 있다.

528.

참된 고행은 세상에 알려지지 않는 법이다. 세상에 알려진 고행은 허영심이 시킨 쉬운 행동에 불과하다.

529.

겸손은 신이 사람으로 하여금 제물을 올리게 하는 제단이다.

530.

현명한 사람을 행복하게 하는 데에는 아무것도 필요하지 않지만 어리석은 자를 만족시킬 수 있는 것은 아무것도 없다. 그래서 사람들은 모두 비참하다.

531.

우리는 행복해지기 위해서 다른 사람들이 우리의 행복을 믿게 하기 위해서 더 많은 노력을 기울인다.

532.

욕심은 한 번 생기면 줄줄이 이어지게 마련인데, 그 욕심을 채우기는 점점 더 어려워진다.

533.

육체에 건강이 필요하듯, 정신에는 현명함이 필요하다.

534.

세상의 권력자들은 우리에게 육체의 건강도 정신의 평안도 줄 수가 없다. 그들을 통해 행복을 얻으려면 너무 비싼 대가를 치러야 한다.

535.

무언가를 욕심내기 전에 그것을 가진 사람이 과연 행복한지를 생각해보라.

536.

참다운 친구는 재산 중에 가장 귀한 재산인데, 그렇다고 사람들이 가장 손에 넣으려고 애쓰는 재산은 아니다.

537.

사랑에 빠진 사람은 사랑의 단꿈에서 깨어나야 비로소 상대의 결점을 볼 수 있다.

538.

조심스런 언행과 사랑은 공존할 수 없다. 사랑이 깊어질수록
조심스런 언행은 줄어들기 때문이다.

539.

질투가 심한 아내는 남편을 종종 즐겁게 한다. 항상 사랑하는
여자 이야기를 해주기 때문이다.

540.

사랑과 미덕을 함께 가진 여자는 참으로 동정받아 마땅하다.

541.

승리보다는 꾐에 빠지지 않는 것이야말로 현명한 사람들이
자랑할 만한 일이다.

542.

책에 대한 연구보다는 인간에 대한 연구가 더 필요하다.

543.

행복이든 불행이든 많이 가지고 있는 사람에게 더 몰리게 마
련이다.

544.

정숙한 여자는 숨겨진 보물이다. 찾아낸 남자가 자랑으로 삼
지 않는 것이야말로 가장 좋은 일이다.

545.

사랑에 열중할 때에는 사랑이 끝난 것도 알아차리지 못한다.

546.

자기 자신을 깎아내리는 것은 오로지 칭찬받기 위함이다.

547.

자신을 싫어하는 사람을 상대하는 일에는 누구나 금방 싫증
을 낸다.

548.

침묵을 부끄럽게 생각할 때처럼 언변을 뽐내기 어려울 때는 없다.

549.

사랑받고 있다는 생각만큼 자연스러운 것도, 또 거짓인 것도 없다.

550.

우리는 우리를 위해주는 사람보다 우리가 위해줄 수 있는 사람을 만나고 싶어 한다.

551.

없는 감정을 꾸며내는 것보다 감정을 숨기는 것이 더 어렵다.

552.

한 번도 깨진 적 없는 우정보다 깨졌다가 회복된 우정이 더 관심을 필요로 한다.

553.

누구에게도 흥미를 느끼지 못하는 사람은 아무에게도 흥미를 주지 못하는 사람보다 훨씬 불행하다.

554.

이기심은 자기 자신에 대한 사랑이자, 자신을 위한 모든 일을 사랑하는 마음이다. 그것은 사람들이 우상을 숭배하듯이 자신을 숭배하게 하고, 만일 운명이 그럴듯한 방책을 마련해준다면 그들을 다른 사람 위에 군림하는 폭군으로 만들 수도 있다. 그것은 결코 자기 자신을 떠나서 한가하게 쉬지 않는다. 다른 데 머문다고 할지라도 마치 꿀벌이 꽃 위에 머무는 것과 마찬가지로 자기에게 필요한 것을 얻기 위해서일 뿐이다.

세상에는 이기심의 욕망처럼 빠르게 세력을 키우는 것도 없고, 그 계획만큼 정체를 파악하기 어려운 것도 없으며, 그 행동처럼 교묘한 것도 없다. 모르는 것이 없는 그 비상한 재주는 도저히 말로 표현할 수가 없고, 갖가지 변신의 묘와 세련된 기교는 어떤 기술로도 도저히 따라갈 수가 없다.

사람은 이기심의 깊이를 잴 수도 없거니와 그 깊고 어두운 곳을 꿰뚫어 볼 수도 없다. 이기심은 가장 통찰력이 뛰어난 사람의 눈도 피하여, 아무도 눈치채지 못하게 종횡무진으로 활개를 친다. 게다가 흔히 자각하지 못한 채 무수한 애증을 품고 기르고 또 추켜세운다. 이렇게 형성되는 애증이 너무나도 기괴해서 이기심은 그것을 모르는 척하든가 아니면 적어도 자신이 낳았다고 인정할 마음을 먹지 못한다.

이기심이 자기 자신에게 품는 확신은 이기심을 뒤덮은 어둠 속에서 생겨난다. 그리고 이 확신에서 오해, 무지, 저속함, 악함, 어리석음이 태어난다. 확신으로 인해 사람의 감정이 잠을 자고 있을 뿐인데 그것을 죽었다고 생각하고, 달리기를 멈추면 다시 뛰기 싫다고 생각하고, 배불리 먹고 나면 그로써 음식의 맛이란 맛이 모두 없어졌다고 생각한다.

그러나 이와 같이 깊은 암흑은 이기심이 스스로를 보지 못하게 할 뿐 외부의 사물을 전혀 보지 못하게 하는 것은 아니다. 이는 눈앞에 있는 사물은 보면서 자기 자신은 보지 못하는 우리의 눈과 같다. 사실 더할 나위 없이 큰 이익이 걸려 있을 때, 이기심은 주의를 집중해서 모든 것을 보고, 느끼고, 듣고, 상상하고, 억측하고, 통찰하고, 간파한다. 그래서 사람은 자칫하면 자신의 열정이 각기 마법과 같은 힘을 가지고 있다고 믿는다.

이기심의 집착만큼 긴밀하고 강력한 것은 없다. 엄청난 불행 속에서도 그 집착은 끊어지지 않는다. 그렇지만 긴 세월에 걸쳐서 그 능력의 전부를 바치고서도 할 수 없었던 일이 때로는 단시간에 전혀 노력하지 않았는데 이루어지기도 한다.

이렇게 보면 이기심의 욕망은 대상의 아름다움과 가치 때문에 빚어진다기보다 오히려 이기심 자체가 만들어내는 것이다. 빛나는 물건의 고유 가치와 그것을 더 아름답게 만드는 겉치장이 이기심의 취향이 지향하는 지점이다. 이기심은 자기를 만족시키는 것을 좇는다고는 하지만 실제로는 자기 자신을 좇거나 자기가 좋아하는 것을 좇고 있다고 결론을 내려도 틀리지 않다.

그런데 이기심은 상반되는 본색을 지니고 있다. 위세를 떨치면서도 순종적이고, 솔직하면서도 자기 자신을 속이고, 인정이 많으면서도 잔인하며, 겁쟁이이면서 또한 대담하다. 사람의 기질에 따라 이기심의 경향도 달라진다. 기질은 이기심을 이끌어서 영예, 부귀 혹은 쾌락과 대면시키기도 하고, 이기심에 자기 몸을 맡기기도 한다. 이기심은 연령이나 운명, 경험 등의 변화에 따라서도 달라진다. 그러나 여러 가지 경향을 지니든 한 가지만을 지니든 상관없다. 왜냐하면 이기심은 그저 필요와 취미에 따라서 여러 가지로 갈리기도 하고 하나로 요약되기도 하기 때문이다.

이기심에는 지조가 없다. 외부 원인에 따른 변화는 예외로 하더라도 자기 자신이라든가 자신의 소질로 인한 변화 역시 끝이 없다. 바로 변덕, 경솔함, 사랑, 호기심, 권태, 혐오 등이 그것이다.

이기심은 변덕스럽다. 갖가지 물건을 손에 넣기 위하여 열중에 열중을 거듭하며 크나큰 고통을 무릅쓴다. 더구나 가지려는 물건은 때로 그에게 유익하지 않을 뿐만 아니라 유해하기까지 하지만, 단지 그것을 바라기 때문에 추구한다.

이기심은 괴상하다. 때로는 해롭지도 이롭지도 않은 일에 더할 나위 없이 열중한다. 흥미 없는 일을 신이 나서 하고, 아무리 경멸해도 시원치 않은 일을 하면서도 넋을 잃고 우쭐댄다.

이기심은 신분과 지위의 고하를 떠나서 존재한다. 어느 곳에나 살고, 모든 것을 가지며, 아무것도 가지지 않는다. 있는 것에도 만족하고 없는 것에도 만족한다. 자기를 적대시하는 사람들 속에도 끼어들어서 그들의 계획에 관여한다. 신통하게도 이기심은 그러한 사람들과 함께하면서 자신을 미워하고, 자신의 죽음을 계획하며, 자신의 파멸을 위해서조차 노력한다.

다시 말해, 이기심은 단지 존재 자체를 원할 뿐이다. 존재할 수만 있다면 기꺼이 자신의 원수가 된다. 그래서 이따금 더할 나위 없는 고행을 하게 되더라도, 자신을 파괴해야 하는 고행의 무리에 대담하게 일원이 되더라도 놀라서는 안 된다. 왜냐하면 어느 한 장소에서 자신을 파괴할지라도, 동시에 다른 장소에서는 자신을 재생하기 때문이다. 그가 쾌락을 내던졌다고 생각될 때에도 그저 쾌락을 중지하든가 쾌락을 변경할 뿐이다. 심지어 이기심이 패배하고 우리가 그것을 박살냈다고 생각할 때에도 이기심은 의외로 개선가를 부르는 것이다.

이것이야말로 이기심의 모습이다. 이기심의 일생은 커다란, 그러면서도 오랜 기간에 걸친 동요이다. 바다야말로 이기심의 생동하는 예시이다. 끊임없는 밀물과 썰물을 통해 계속되는 사념의 소란, 오랜 세월에 걸친 동요를 생생하게 볼 수 있다.

555.

열정은 모든 사람의 몸에 흐르는 피가 조금 더 뜨거운지 차가운지를 나타내는 다양한 척도에 지나지 않는다.

556.

절제는 행운을 만났을 때 흥분해서 부끄러운 행동을 하지 않을까 하는 걱정이나 가진 것을 잃을까 하는 두려움에 불과하다.

557.

절제는 불량식품을 대하는 마음과 같다. 더 먹고 싶기는 하지만 몸이 상할까 두려워하는 것이다.

558.

사람은 기회만 닿으면 자신의 잘못을 타인 탓으로 돌리려고 한다.

559.

교만은 인간이라는 연극에서 모든 역할을 혼자서 연기한 뒤에, 여러 모습으로의 변신에 지친 듯 맨얼굴과 불손한 태도로 자신을 노골적으로 드러낸다. 정확히 말하자면 불손함은 교만의 있는 그대로의 모습이자 자기 선언이기도 하다.

560.

사소한 일에 필요한 재능을 만드는 기질은 큰일에 필요한 재능에 요구되는 기질과 반대된다.

561.

어느 정도의 불행이 불가피함을 아는 것도 일종의 행복이다.

562.

자기 안에서 평안을 찾지 못할 때 밖에서 그것을 찾으려 하는 것은 헛수고이다.

563.

사람은 자신의 생각만큼 불행하지도 않고, 또 희망만큼 행복해질 수도 없다.

564.

불행 속에서 어떻게든 즐거움을 찾아내려고 하면서 우리는 불행에 체념해간다.

565.

사람은 자신의 운명을 보증할 수 없는 것처럼 앞으로 일어날 어떤 일도 보증할 수 없다.

566.

지금 무슨 일을 하고 싶은지 분명히 알지 못하는데, 미래에 무엇을 할지 어찌 확신할 수 있겠는가?

567.

영혼이 육체를 살리듯이 사랑은 사랑에 빠진 사람의 영혼을 살린다.

568.

사랑의 시작도, 사랑의 끝도 도저히 사람의 마음대로는 할 수 없으니, 사랑하는 남자가 여자의 변심을 불평하는 것도, 여자가 남자의 쌀쌀함을 불평하는 것도 소용없는 일이다.

569.

정의는 우리가 가진 것을 다른 사람에게 빼앗길까 끊임없이 걱정하는 마음에 지나지 않는다. 그렇기 때문에 세상 사람은 다른 사람의 이익을 충분히 존중하고 털끝만큼도 폐를 끼치지 않으려고 세심하게 마음을 쓰는 것이다. 이런 걱정 때문에 애써 모았든, 운 좋게 획득했든 재산에는 저절로 제한이 생긴다. 만약 이런 걱정이 없다면 다른 사람의 재산을 빼앗으려는 시도가 끊이지 않을 것이다.

570.

온화한 재판관에게 정의란 자신의 고상함을 사랑하는 마음에 지나지 않는다.

571.

불의를 비난하는 것은 그것을 싫어해서가 아니라 그것이 자신에게 손해를 입히기 때문이다.

572.

사랑에 싫증났을 때 사람들은 상대의 부정을 기뻐한다. 자신도 지조로부터 해방되고 싶기 때문이다.

573.

친구가 행복할 때 우리도 기쁜 것은 선량한 마음이나 친밀감 때문이 아니다. 다음에는 우리가 행복해질 것이라는 기대나 친구의 행운이 우리에게도 이익을 남길 것이라는 희망을 부추기는 이기심 때문이다.

574.

친구가 겪는 역경에서도 우리는 항상 싫지 않은 무엇인가를 찾아낸다.

575.

우리도 우리의 비밀을 지키지 못하는데, 어찌 다른 사람이 우리의 비밀을 지켜주기를 바라겠는가?

576.

교만이 우리에게 하는 가장 위험한 짓은 우리를 무분별하게 만드는 것이다. 무분별함은 교만을 키우고 우리의 불행을 완화하고 결점을 고칠 기회를 빼앗는다.

577.

늘 당연하게 생각했던 사람이 사라진다면 그때 가서 우리가 손쓸 방법은 없다.

578.

게으른 사람이 게으름에 싫증을 느껴 부지런한 척할 때만큼 다른 사람들이 안절부절할 때는 없다.

579.

'너 자신을 알라'고 말한 사람에 대해 우리는 충분히 불평을 할 만하다. 아테네의 미치광이가 '자네가 부자라는 건 새빨간 거짓말'이라고 말한 의사에 대해 불평했던 것처럼.

580.

철학자, 그중에서도 세네카[6]는 그들의 규범에 따라 죄악을 씻어내지는 않았다. 교만함을 더하기 위해 규범을 이용했을 뿐이다.

581.

친구의 우정이 식은 것을 깨닫지 못하는 것은 우정이 없다는 증거이다.

582.

현명한 사람이 드물기도 하지만 사소한 일에만 현명할 뿐 위중한 일에는 현명하지 않은 경우가 많다.

583.

섬세하고 빈틈없는 어리석음은 섬세하고 빈틈없는 재능 덕분에 가능하다.

584.

음식을 절제할 수 있는 사람은 건강에 애착을 가진 사람 아니면 많이 먹지 못하는 사람이다.

585.

어떤 것에 대해서 이야기하는 데 싫증이 났을 때처럼 그것을 망각할 때는 없다.

586.

겸손은 칭찬을 받기 싫다는 표현 같지만 사실은 칭찬을 받고 싶다는 좀 더 완곡한 표현이다.

587.

악덕을 꾸짖는 것도 미덕을 칭찬하는 것도 이해관계에 따른 행동이다.

588.

칭찬이 오히려 선행을 멈추게 할 때가 있다.

589.

재능, 지혜, 아름다움이나 용기 같은 덕목들은 세상에서 미덕으로 장려됨으로써 그 자체의 힘보다 훨씬 큰 효과를 낸다.

590.

세상 어느 누구보다 우리에게 가장 아첨을 많이 하는 것은 우리의 이기심이다.

591.

격정적인 기질에서 나오는 얕고 순수한 분노가 있는가 하면, 교만한 마음의 광란이 담긴 위험한 분노도 있다. 그러나 세상에서는 이 둘을 구별하지 않는다.

592.

위대한 사람이란 평범한 사람과 비교하여 열정에 좌우되지 않고 더 많은 미덕을 갖춘 사람을 말하는 것이 아니다. 다만 더 많은 계획을 가지고 있는 사람을 말한다.

593.

권력자들은 서민을 화폐로 취급한다. 그들이 가치 있게 생각하는 것에 가치를 부여하는 것이 서민의 역할이기 때문이다. 그래서 필연적으로 서민들은 참다운 가치로 대우받는 것이 아니라 각자의 시세로 대우받는다.

594.

타고난 잔인함도 이기심만큼 잔혹한 행위를 하지는 않는다.

595.

여자의 정숙함에 대한 이야기 대부분을 우리는 온갖 미덕에 갖다 붙일 수 있다. 어느 편이든 대부분 겸손하고 애처롭게 보이려는 술책에 지나지 않으니까.

596.

세상에서 미덕이라고 이름 붙은 것은 보통 우리의 열정이 만든 환상에 지나지 않는다. 훌륭한 이름을 내세워 처벌받지 않고 하고 싶은 일을 하려는 것이다.

597.

우리가 미덕이라고 보는 것이 때로 미덕과 비슷할 뿐 이기심으로 위장된 악덕에 지나지 않을 정도로 우리는 이익 앞에서 노심초사하는 것이다.

598.

빛나고, 화려하고, 극단적인 형태로 자주 행해지는 죄악은 때로 명예롭게 추앙받기도 한다. 공공연한 도둑질이 솜씨 좋은 행위가 되고, 남의 땅을 점령하는 일이 정복이라 일컬어지는 것처럼.

599.

우리는 허영심의 부추김을 받고서야 비로소 우리의 결점을 고백한다.

600.

사람의 일은 극단으로 가면 선도 없고 악도 없다.

601.

큰 죄를 저지를 능력이 없는 사람은 다른 사람이 큰 죄를 저
질러도 쉽사리 알아차리지 못한다.

602.

성대한 장례식은 죽은 사람의 명예보다 산 사람의 허영심을
위한 것이다.

603.

세상이 덧없이 변하는 듯이 보일지라도 거기에는 어떤 은밀
한 연계가 있고, 신이 정해둔 질서가 있다. 모든 것은 제각기
신의 섭리에 따라 걸음걸이를 가지런히 하여 전진하고 주어
진 운명의 길을 걸어간다.

604.

음모에 휘말렸을 때에는 만용이 마음을 지탱해주지만, 빗발
치는 총탄 속에서 필요한 것은 오직 진정한 용기뿐이다.

605.

승리의 기원을 찾으려는 사람은 시인처럼 그것을 '여신'이라
고 이야기하고 싶어질 것이다. 지상 어느 곳에서도 그 기원을
찾을 수 없기 때문이다. 사실 승리는 헤아릴 수 없는 행위의
결과이다. 그리고 그 행위들은 승리를 목적으로 하는 것이 아
니라, 개개인의 이익을 위한 것이다. 그래서 군대를 편성하여
각자의 명예나 다른 이익을 목표로 하여 나아가는 사람들이
야말로 머지않아 모든 사람들이 원하는 행복을 가져다줄 수
있다.

606.

한 번도 위험에 몸을 던져본 일이 없는 사람은 자신의 용기를
장담할 수 없다.

607.

자신의 희망이나 욕망을 제한하기보다 빚진 마음이나 감사
하는 마음을 제한하기가 더 쉽다.

608.

다른 사람을 흉내 내는 사람은 항상 초라해 보인다. 똑같은 물건이라도 진품은 사람들을 기쁘게 하지만 모조품은 사람들을 불쾌하게 만들 듯이.

609.

우리가 친구의 죽음을 아까워하는 것은 그의 업적 때문이 아니라 그가 우리를 높이 평가한 유일한 사람이었기 때문이다.

610.

선의와 뛰어난 술책을 구분하기는 매우 어렵다.

611.

항상 친절한 사람이 되고 싶다면 심술궂은 행동에는 반드시 보복할 것이라는 점을 상대에게 주지시켜야 한다.

612.

항상 환영을 받는다고 생각하는 것은 다른 사람에게 환영을 받지 않을 수 있는 방법 중 하나이다.

613.

우리는 직접 보지 못한 것을 쉽사리 믿지 않는다.

614.

자신을 믿어야 다른 사람을 믿을 수 있다.

615.

혁명은 세계의 정세를 바꿀 뿐만 아니라 일반적으로 개인의 취향까지도 바꾼다.

616.

본질은 완전한 미의 기본이기도 하고 이치이기도 하다. 사물이 어떤 성질을 지니고 있든 간에, 있는 그대로의 자신을 보여주지 못하고 부수적인 것을 통해서 자신을 보여준다면 아름다워질 수도 완전해질 수도 없다.

617.

무엇이든 완전무결할 때보다 불완전할 때 더 아름답다.

618.

아량은 교만의 고상한 노력이다. 이런 노력은 자기 자신을 지배하며 온 세상의 지배할 수도 있다.

619.

사치와 화려한 문화는 나라가 쇠퇴할 징조이다. 사람들은 모두 자기 이익만 생각할 뿐 공익을 외면하기 때문이다.

620.

게으름이야말로 모든 열정 중에서 우리가 가장 잘 알지 못하는 열정이다. 격렬함은 내뿜지 않을지라도, 확연히 드러나는

손해를 야기하지는 않을지라도, 게으름은 모든 열정 중에서
가장 강렬하고도 독하다. 만일 그 힘을 주의 깊게 응시한다면
게으름이 기회 있을 때마다 우리의 감정과 이익과 쾌락을 좌
우한다는 것을 알게 된다. 그것은 아무리 큰 배라도 막을 수
있는, 암초나 폭풍우보다도 더 위험한 장애물이다. 게으름에
억눌려 취하는 휴식은 영혼의 즐거움이기는 하지만, 열성적
인 탐색이나 끈기 있는 결의를 막는다. 다시 말해 게으름은 영
혼을 지극히 만족시켜줌으로써 그에 따른 온갖 손실을 위로
하고, 어떤 이익도 대신한다.

621.

운명을 원하는 대로 요리하려는 잡다한 행위가 잡다한 미덕
을 만든다.

622.

사람은 다른 사람의 마음을 꿰뚫어보고 싶어 하면서도 다른
사람이 자신의 마음을 꿰뚫어보는 것은 좋아하지 않는다.

623.

병에 걸리지 않으려는 성가신 노력이야말로 성가신 병이다.

624.

사랑을 시작하기가 끝내기보다 쉽다.

625.

많은 여성은 사랑에 이끌리기보다는 약한 마음 때문에 남자의 유혹에 넘어간다. 그래서 보통 대담한 짓을 하는 평범한 남자가 얌전한 미남을 능가하여 성공하는 것이다.

626.

사랑에 관해 말하자면, 상대방을 사랑하지 않는 것이 사랑을 받는 확실한 방법이다.

627.

연인들은 사랑이 식었을 때 상대방이 정직하게 그 마음을 이야기해주기를 바란다. 자신을 사랑하는 사람이 없어지는 때를 알고 싶어 하는 것이라기보다 여전히 있다는 것을 더욱 확실히 해두고 싶기 때문이다.

628.

사랑을 다른 것에 비유하자면, 가장 적당한 대상은 열병이다. 그 격렬함이나 지속 시간, 어느 것도 우리 마음대로 할 수 없기 때문이다.

629.

가장 재능 없는 사람이 가진 가장 뛰어난 재능은 다른 사람의 착한 행동에 잘 따르는 마음씨이다.

630.

다른 사람에게 아양을 떤 직후에 사랑하는 사람의 얼굴을 보는 것은 언제나 두려운 일이다.

631.

사람은 자신의 잘못을 숨김없이 털어놓을 용기가 있을 때 비로소 자신이 저지른 잘못을 인정할 수 있다.

---

1 카이사르가 암살당한 후 양아들 옥타비아누스는 안토니우스, 레피투스와 함께 반대파를 몰아내고 로마 지배권을 잡았다. 이후 이집트의 여왕 클레오파트라와 안토니우스 연합군을 악티움 해전(기원전 30)에서 물리치고 승리를 거머쥔 옥타비아누스는 '아우구스투스'라는 이름으로 로마 왕좌에 올랐다.

2 아테네 사람 트라실로스는 항구에 들어오는 배가 모두 자기 것이라고 생각하는 광증을 가지고 있어서, 떠나는 배의 이름을 적어두고 그 배가 다시 항구로 안전하게 돌아오는 것을 기뻐했다고 한다. 그리고 그의 형제가 그 광증을 고쳐주자 이전의 즐거움을 그리워했다고 한다.

3 콩데 공과 튀렌 원수는 17세기 프랑스의 유명한 장군이다.

4 카토는 로마의 정치가이자 철학자이다. 카이사르에 대항하여 자유의 옹호자가 되고자 하였으나 타프수스 전투에서 패하고, 스스로 가슴을 찔러 삶을 마쳤다.

5 브루투스는 로마의 정치가이며, 카토의 조카이기도 하다. 정권을 마음대로 하려고 하는 카이사르의 야심을 알아채고 그를 암살했다. 그 후 안토니우스, 옥타비아누스 군과 싸우다 패해 자살했다.

6 세네카는 로마의 스토아학파 철학자이며, 정치가이자 작가이다. 젊은 시절부터 웅변가로서 명성을 얻었고, 정치에 뛰어들어 많은 파란을 겪었다. 말년에 황제 네로의 교사가 되었지만, 음모사건에 연루되어 자살을 명령받았다.

어느 정도의 불행이 불가피함을 아는 것도
일종의 행복이다.

—라 로슈푸코

François de La Rochefoucauld

2장

삶을 내 것으로 만드는 힘

누구에게나 자기 얼굴과 재능에 어울리는 모습이 있다. 그것을 버리고 다른 모습이 되려고 할 때 인간은 스스로의 가치를 떨어뜨리게 된다.

있는 그대로의 내가 좋다

누구에게나 자기 얼굴과 재능에 어울리는 모습이 있다. 그것
을 버리고 다른 모습이 되려고 할 때 인간은 스스로의 가치를
떨어뜨리게 된다. 그러므로 우리는 어떠한 모습이 자연스러
운가를 알고 거기서 벗어나지 않도록 하고 거기에 만족하지
않으면 안 된다.

어린 아이들이 예쁨을 받는 이유는 타고난 모습과 태도밖에
모르기 때문이다. 그러나 커가면서 그 모습과 태도에서 벗어
나 타락한다. 본 것을 흉내 내려고 하지만 똑같게 되지는 못
한다. 그런 식으로 다른 사람을 흉내 내는 행위에는 항상 무
엇인가 잘못되고 불확실한 면이 있게 마련이다. 태도나 감정
모두 정해진 것이 없는 데다 마음대로 되지 않아서 자기답지
않은 모습을 다른 사람에게 보이려고 하는 셈이다.

누구가 자기 자신과 다른 사람이 되고 싶어 한다. 또 자신을

그럴듯하게 포장하고 싶어 한다. 그래서 다른 사람의 모습 중 탐나는 것은 없는지 눈을 크게 뜨고 자기와 다른 존재를 찾아 돌아다니며, 말투를 빌리고 태도를 지어서 자기 것으로 만들려고 몹시 애쓴다. 어느 몇몇 사람에게 어울리는 것이 모든 사람에게 어울릴 수 없고, 여러 사람의 말투와 태도를 동일한 척도로 판단할 수 없으며, 흉내 내기에 좋은 말투나 태도는 없다는 것을 생각하지 못하고 말이다.

서로 다른 두 사람이 상대방을 흉내 내지 않고 각자 타고난 기질을 따른다고 해도 많은 유사점을 가질 수 있다. 그러나 어느 누구도 타고난 성질을 그대로 유지하지 못한다. 누구나 흉내 내기를 좋아하기 때문이다. 사람은 흉내를 내지 않는 척하면서도 다른 사람의 흉내를 곧잘 낸다. 그리고 자기가 가진 것은 소홀히 하면서 자꾸만 자신에게 어울리지 않는 다른 사람의 소유물을 손에 넣으려고 한다.

이렇게 말한다고 해서 내가 자기 자신에만 몰입하여, 본보기를 다른 사람에게서 구하거나 타고난 기질 외에 필요한 성질을 자기 것으로 만들지 말라는 것은 아니다. 예술과 학문은 재능이 있는 사람이라면 누구나 누릴 수 있다. 친절과 예의는 모든 사람이 지녀야 할 것이다. 사람은 자신의 기질과 이런 후천적인 자질을 연결시켜서 스스로를 넓히지 않는 듯이 넓혀가고, 늘리지 않는 듯이 늘려가야 한다.

자신의 분수에 넘치는 계급과 지위를 얻거나 타고난 기질과 어울리지 않는 새로운 직업을 가질 수 있다. 이런 상황에서 우리는 나름의 모습을 갖추게 된다. 바뀐 모습은 그 신분에는 어울릴지 몰라도 타고난 모습과 언제나 장단이 맞는다고는 할 수 없다. 이런 식으로 인간의 운명이 변하면 모습과 태도 또한 변하며 차지한 지위에 어울리는 모습도 첨가된다. 그 모습이 지나치게 눈에 띄어서 타고난 모습과 어울리지 못하면 언제나 거짓 모습이 된다. 두 가지 모습을 하나로 어우러지게 해서 별개의 모습이 뒤섞인 듯 보이지 않게 해야 한다.

사람은 언제나 똑같은 말투, 똑같은 태도를 취하지는 않는다. 군대의 선두에 서서 행진할 때와 산책할 때의 걸음걸이는 다를 수밖에 없다. 그러나 어떤 경우에나 똑같이 자연스럽게 행동해야 한다. 걸음걸이는 다를지라도, 군대의 선두에 서서 행진하든 산책을 하든 항상 자연스럽게 걸어야 하는 것이다.

세상에는 계급과 지위에 알맞은 모습을 하기 위하여 몸에 밴 자연스런 모습을 버리는 사람이 있는가 하면, 동경하는 계급과 지위에 알맞은 모습으로 앞질러 바꾸는 사람조차 있다. 얼마나 많은 장교가 대장처럼 처신하기 위한 수업을 듣고 있는가? 또 얼마나 많은 관리가 대법관의 흉내를 내고 있는가? 그리고 또 얼마나 많은 여인들이 귀부인같이 치장하고 있는가? 사람이 흔히 미움을 받는 것은 태도와 모습을 얼굴과 일치시킬 소양이나, 말하는 내용과 말투를 느끼는 바와 일치시킬 소양을 지니고 있지 않기 때문이다. 사람은 자기 자신도 모르는 사이에 자신의 본래 모습을 잊고 거기서 멀어진다. 거의 모든 사람이 어떤 부분에서든 이런 잘못을 저지른다. 그 누구도 이런 조화를 나무랄 데 없이 이해할 만한 소양을 가지고 있지 않은 것이다.

친절한데 미움을 받는 사람도 많고, 재능이 없으면서 환영을 받는 사람도 많다. 전자는 자기에게 없는 것을 다른 사람에게 보이고 싶어 하기 때문이요, 후자는 겉으로만 재능이 없는 듯 보이기 때문이다. 요약해서 말하자면 우월하게 태어난 사람이나 그렇지 않은 사람이나 모두 그 신분과 얼굴에 어울리는 모습과 말투와 태도와 감정을 지속하면 지속할수록 환영을 받고, 거기서 멀어지면 멀어질수록 미움을 받는다.

2

상대에게 적당한 거리를 허락하라

나는 여기서 교제 이야기를 하면서 우정을 설명하려는 것은 아니다. 교제와 우정 사이에는 연관성이 있지만 이 두 가지는 대단히 다르다. 우정은 고귀하고 사랑스러워서, 교제의 가장 큰 장점으로 우정을 닮고자 하는 점을 꼽을 수 있을 정도이다. 나는 훌륭한 사람이라고 추앙받는 사람이라면 누구나 하지 않으면 안 될 특별한 교제에 한정하여 이야기를 할 것이다.

교제가 얼마나 사람에게 필요한가는 더 말할 필요도 없다. 왜냐하면 사람은 모두 교제를 하고 싶어 하기 때문이다. 그러나 어떻게 해서든지 교제를 즐겁게 지속하려고 노력하는 사람은 얼마 되지 않는다.

누구나 다른 사람에게 폐를 끼치더라도 즐거움과 이익을 찾으려고 한다. 사람은 항상 함께하는 사람보다도 자기 자신을 중시하고, 쉽사리 이 사실을 상대방이 느끼게 하므로 교제가 어려워지고 깨지는 것이다. 편파적인 욕심은 인간의 본성 그 자체가 되어버려서 이제 새삼 쫓아버릴 수도 없으니, 하다못해 그것을 숨기기라도 해야 한다. 또 가능하다면 다른 사람의 즐거움을 자기의 즐거움으로 여기고 다른 사람을 배려하여 자존심을 상하게 하지 않아야 한다.

욕심을 숨기고 다른 사람을 배려하는 어려운 일을 할 때에는 정신이 크게 작용한다. 물론 정신만으로는 이 길을 제대로 걸어갈 수는 없다. 판단력과 기질, 그리고 함께하는 사람들을 향한 존경이 사람과 사람 사이의 질서와 교제를 유지시킨다. 마음도 기질도 반대되는데 사이가 좋아 보이는 경우, 의심할 여지도 없이 단순히 교제가 아니라 별도의 이유가 있기 때문이지만 오래 가지는 못한다. 신분으로 보든지 개인적인 기질로 보든지 뛰어난 사람이 그렇지 못한 사람과 사이좋게 지내게 될 수도 있다. 그러한 경우에는 뛰어난 점을 과시해서는 안 된다. 어쩌다가 슬쩍 보여서 상대방의 교양을 올려주는 데에만 사용해야 한다. 상대의 감정과 이해관계에 장단을 맞추어가면서 그에게 지도가 필요하다는 것을 스스로 깨닫게 해줄 필요가 있다.

허물없는 교제를 위해서는 각자가 자유로워야 한다. 빈번한 왕래는 피하고, 왕래하더라도 무리하지 말고 즐거움을 나누어야 한다. 각자의 시간을 갖고 싶다면 그렇게 하고, 떨어져 있다고 해서 마음이 변해서는 안 된다. 상대를 괴롭히고 싶지 않다면 상대가 없더라도 상관없다는 마음가짐이 중요하다. 또 상대를 언짢게 하고 싶지 않을 때 상대를 언짢게 하기 가장 쉽다는 것을 잊지 말아야 한다. 함께하는 사람이 즐거움을 느끼는 일은 가능하면 도와야 한다. 그렇다고 해서 그 일에 의무감을 느끼는 것은 좋지 않다.

교제에는 '친절'이 필요하다. 그러나 반드시 한도가 있어야 한다. 도를 넘은 친절은 굴종이 된다. 얽매이지 않은 친절, 교제에는 그런 친절이 필요하다. 그리고 상대의 감정을 배려하면서도, 교제하는 두 사람의 감정 모두가 배려받아야 한다는 것을 상대가 명심하도록 조처해야 한다.

결점은 타고나는 것이다. 상대의 결점이 장점보다 작다면, 곧 그것을 용서하는 마음을 가져야 한다. 그 결점 때문에 기분이 나빴다는 것을 눈치채지 못하게 하고, 상대가 스스로 깨달아 결점을 고치도록 해야 한다.

훌륭한 사람들의 교제에는 반드시 필요한 일종의 예의가 있다. 바로 유머이다. 그러한 예의를 알기 때문에 다른 사람의 농담에 기분을 상하는 일도 없고 너무 건조하고 딱딱한 화법으로 다른 사람의 기분을 상하게 하는 일도 없는 것이다. 건조하고 딱딱한 화법은 사람이 열을 올리며 자기주장을 할 때에나 사용하면 된다.

훌륭한 사람들의 교제는 일종의 신뢰가 없이는 존속할 수 없다. 그들은 당연히 각자 침착하고 겸손한 모습을 하고 있으므로, 누가 겸손하지 않은 말을 마구 하지는 않을까 하고 두려워할 필요는 전혀 없다.

재능과 지혜에는 여러 가지 면모가 필요하다. 한 가지 재능이나 지혜밖에 없는 사람은 오랫동안 다른 사람을 즐겁게 해줄 수 없다. 사람은 다양한 길을 갈 수 있듯이, 다양한 재능을 가진다. 다만 다양한 악기를 함께 연주할 때 반드시 정확한 음을 내야 각각의 소리가 어우러질 수 있듯이, 사람도 정확성을 잃지 않아야 교제의 즐거움을 맛볼 수 있다.

많은 사람이 똑같은 이해관계를 갖기는 쉽지 않으나, 교제의 평안을 위해서는 서로 어긋나는 이해관계는 가지지 않아야 한다.

어떤 일이 상대를 기쁘게 해줄지 자진하여 생각하고, 상대에게 유익한 방법을 강구하고, 상대가 괴롭지 않게끔 처신해야 한다. 상대가 마음의 상처를 털어놓지 못한다면 단번에 그것을 씻어버리려는 생각은 하지 말자. 자신도 그런 아픔이 있다는 것을 상대방이 느끼게 해서 소멸시키는 것 같지 않게 소멸시키고, 상대의 마음을 차지한 다른 불쾌한 일들도 마찬가지로 처리하자.

상대방과 관련된 이야기를 할 때에도 상대가 좋다고 하는 정도로 그쳐야 하며, 어디까지나 절도를 지켜야 한다. 상대방의 마음속 구석구석까지 깊이 들어가지 않는 것이 예의이고, 오히려 인간적인 행동이다. 자기 마음속을 남김없이 보여주게 되면, 상대방은 때때로 그 자체를 괴롭게 생각한다. 자신도 잘 알지 못하는 곳에 다른 사람이 들어오면, 그 괴로움은 더욱 커진다.

훌륭한 사람들은 교제를 통해 친밀감을 쌓아가면서 자기의 마음속을 솔직하게 보일 기회를 늘려가지만, 교제를 지속하는 데 필요한 조언을 충분히 받아들일 만한 솔직함과 판단력을 지닌 사람은 거의 없다. 사람은 무엇에 대해서든지 어느 정도까지는 알고 싶어 하지만, 모든 것을 알고 싶어 하지는 않는다. 오히려 온갖 진리를 알게 되면 주저하게 된다.

사물을 관찰하려면 거리를 두어야 하듯이, 교제를 할 때에도 거리를 두어야 한다. 누구나 원하는 고유한 관점이 있어서, 거기에서 자신을 봐주기를 바란다. 사람들이 너무 가까이에서 관찰되지 않기를 바라는 까닭은 어떠한 경우에도 있는 그대로의 자기를 드러내고 싶지 않기 때문이다.

3

멋진 말 한마디보다
열린 귀가 대화를 이끈다

즐거운 대화가 드문 것은 상대의 이야기에 집중하기보다 자기가 하고 싶은 이야기에만 관심을 두기 때문이다. 또 바로 말을 하고 싶은 마음에 상대방의 말 따위는 전혀 들어주려고 하지 않기 때문이기도 하다.

대화를 이어가려면 상대의 말에 귀를 기울여야 한다. 상대에게 충분히 말할 시간을 주고, 쓸데없는 말을 하더라도 참고 견뎌야 한다. 상대의 말에 반대하거나 끼어들 것이 아니라, 마음과 취향을 헤아려서 경청하는 태도를 보여야 한다. 과장되지 않은 칭찬을 하되 그 칭찬이 친절에서 비롯한 것이 아니라 흡족한 마음에서 나온 것이 느껴지게 해야 한다.

상대를 즐겁게 하기 위해서는 상대가 좋아하는 것이나 마음을 움직일 만한 것을 화제로 삼고, 관계 없는 일에 대해서는 이야기하지 말아야 한다. 질문은 드물게 하고, 상대보다 자신의 의견이 합당하다는 생각 따위는 전혀 하지 않는다는 것을 상대방이 느끼게 해야 한다.

말할 때의 표정은 대화 상대의 기질과 능력에 맞추어 단호하게도 하고 솔직하게도 해야 한다. 화제 또한 열띤 것으로도 하고 차분한 것으로도 하자. 그리고 무언가에 대한 결정은 상대에게 맡겨 뿌듯함을 양보하고, 상대가 말할 생각이 없을 때 대답을 강요해서는 안 된다.

이렇게 예의를 다한 후에는 자신이 느끼는 바를 입에 올려도 무방하지만 무언가를 단언하거나 듣는 사람의 의견을 재촉하거나 자만하거나 떼를 쓰거나 해서는 안 된다. 몇 번이고 반복해서 자기 이야기를 한다든가 자기를 예로 드는 일은 아예 피하기로 하자. 어떤 화제를 올리든 자기 이야기로 시작하는 사람처럼 불쾌한 사람은 없다.

대화 상대들 중에서 가장 지혜로운 사람이 누구인지 알아보려고 사람들의 기호와 지혜에 지나치게 관심을 가져서 그들의 취향이나 이해관계를 상하게 해서는 안 된다.

가장 지혜로운 사람이 이야기하는 도리를 존중하고, 자신에게 떠오른 생각을 덧붙이지 말고, 그런 생각을 할 수 있었던 것도 상대 덕분임을 믿게 해야 한다.

무슨 일에 대해서든 뽐내면서 말해서는 안 되고, 지식을 자랑해서도 안 된다. 아집에 찬 말투, 완고하거나 무리한 표현, 과장된 표현도 삼가자.

확고한 신념은 합리성를 바탕으로 할 때에만 허용된다. 어디서든 이성이 얼굴을 내민다면 곧바로 그것을 따라야 한다. 이성만이 사람의 감정을 지배해야 한다. 그러나 이성을 좇는다고 상대의 감정을 상하게 하거나 상대의 이야기를 비웃어서는 안 된다.

시종 대화를 이끌어가려 하거나 좋은 이치를 찾았다고 그것을 맹신하는 것은 위험한 일이다. 때로는 자기의 마음을 잘 드러내지 않거나 자신을 능란하게 옹호하지 못하는 외고집쟁이를 구슬려서 다른 사람에게 망신을 당하지 않도록 하는 것이 정직이다.

몇 번이고 똑같은 말을 하거나 상대가 잘 모르는 화제를 올리면 상대는 불쾌할 수밖에 없다. 무엇이든 상대를 즐겁게 하는 이야기로 가볍게 시작해서 상대가 바라는 만큼 대화하고, 상대에게 어울리지 않는 이야기는 피해야 한다.

재치 있는 이야기라고 해서 모두에게 들어맞지는 않는다. 어떤 이야기가 상대의 취향에 맞고 어떤 이야기가 상대의 신분과 성별과 재능에 어울리는가를 고려해야 한다. 뿐만 아니라 그 이야기를 하기에 때와 장소가 적당한지도 생각해야 한다. 대화의 장소와 듣는 사람의 기분을 유념하자. 약삭빠르게 기회를 노려서 이야기를 꺼내는 것이 재능이라면 침묵해야 할 때를 아는 것 역시 큰 재능이다. 침묵이 오히려 선악을 결정하는 웅변과 같은 역할을 할 수 있는 순간이라면 침묵이 가장 신중한 일이자 상대에게 경의를 보이는 것이다.

마지막으로 대화를 유쾌하게도 하고 불쾌하게도 하며, 아름답게도 하고 싫증나게도 하는 말투와 표정과 태도에 대해 이야기하겠다. 이것들을 능란하게 이용하는 능력을 가진 사람은 별로 없다. 여러 상황에 대비한 방책을 가진 사람도 곧잘 실수를 한다. 그러므로 여기서 제시해줄 수 있는 가장 안전한 방책은 많이 듣고, 적게 말하고, 후회할 만한 이야기는 무엇 하나 입에 올리지 않는 것이다.

4.

누구나 조금씩 거짓을 말하기 마련이다

거짓된 행동에는 여러 유형이 있다. 본래의 모습과 다르게 보이고 싶어서 거짓된 행동을 하는 사람이 있다. 그보다는 정직하지만 애당초 타고난 거짓말쟁이여서 자기 자신을 속이고 사물을 절대로 있는 그대로 보려고 하지 않는 사람도 있다. 또 마음은 올바르지만 잘못된 취향을 가진 사람도 있고, 마음은 거짓으로 굳어져 있을망정 취향은 제법 올바르게 보이는 사람도 있고, 취향에도 마음에도 무엇 하나 거짓을 가지지 않은 사람도 있다. 그런데 이 마지막 부류는 지극히 드물다. 일반적으로 말해서 마음이나 취향 어느 쪽에도 거짓을 가지지 않은 사람은 이 세상에 단 한 사람도 없기 때문이다.

누구에게나 거짓이 있는 것은, 사람이 가진 기질이 확실치 않고 애매하며, 취향 또한 그러하기 때문이다. 사람은 사물을 있는 그대로 정확히 보려고 하지 않는다. 실제 가치보다 높이 평가하기도 하고 낮게 평가하기도 한다. 사물과 자신의 관계

를 자기 신분과 기질에 맞춰서 판단할 뿐 제대로 탐구하려고
하지 않는다. 이 착오가 취향과 마음 사이에 수많은 거짓을
만들어낸다. 무엇이든 선을 가장해서 나타나면 사람의 이기
심은 묘하게 장단을 맞추는 것이다.

사람의 허영심이나 기질과 관련되는 선에도 여러 종류가 있
다. 대부분의 사람들은 다른 사람이 착한 일을 한다는 이유로
착한 일을 한다. 그리고 다양한 사람이 똑같은 감정을 가질
수 없다는 것도 생각하지 않고, 또 그 감정이 그것을 품은 사
람에게 어울리는지에 따라서 그것에 열중할 수도 있고 그러
지 못할 수도 있다는 점을 생각하지 않는다.

사람은 마음보다는 오히려 취향 면에서 거짓되어 보이는 것
을 두려워한다. 사람다운 사람이라면 인정할 것은 인정하고
지켜야 할 것은 지키면서 이를 자랑으로 삼지 않는 것이 당
연하며, 그런 행동에는 규칙과 정당성이 있어야 한다. 무엇이
보편적으로 좋은지, 또 무엇이 우리에게 정당한지 판별할 준
비가 되어 있어야 한다. 준비가 되었다면 이제 무언가를 좋아
하는 마음을 이성적으로 관리할 수 있어야 한다.

만일 어떤 사람이 자기 자신의 재능을 방패로 삼아서 의무를
다함으로써 다른 사람보다 뛰어나고자 한다면 취향이나 행
동에 무엇 하나 거짓이 없을 것이다. 그렇게 되면 있는 그대
로의 모습을 다른 사람에게 보일 수 있고, 자신의 지식에 비

추어 사물을 이성적으로 판단할 수 있을 것이다. 견해에도 감정에도 절도가 있을 것이며, 다른 사람의 취향을 흉내 내지 않고 자신만의 진실한 취향을 가질 것이다. 취향을 이끌어내는 것은 자신의 선택일 뿐, 세상의 관습도 우연도 아니기 때문이다.

시인해야 할 것을 시인하는 것은 그 자체로서는 좋은 일이지만, 이를 의식하여 뽐내려 하면 역시 거짓이 되기 쉽다. 결단력이 좋은 사람이 될 수 있는 자질을 가졌더라도 그것을 자랑으로 삼으면 그렇게 될 수 없기 때문이다. 군인은 반란이 일어나면 결과에 연연하지 않고 단호하게 진압하는 게 당연한데, 만일 칼을 들고 그들 편에 선다면 그야말로 잘못이고, 또 세상의 웃음거리가 되는 일이다.

사물의 가치를 매길 때에는 이성과 올바른 판단력이 필요하다. 그리고 취향을 바탕으로 사물에 당연하고도 적당한 순위를 부여하지 않으면 안 된다. 그러나 거의 모든 사람이 이 평가와 순위 선정을 그르친다. 그런 잘못은 언제나 거짓에서 비롯된다.

5.

완벽한 천재보다는
평범해도 재치 있는 사람이 되라

위대한 사람은 많은 장점을 가졌는데, 그중에서 다음의 몇 가지는 그들만의 고유하고 특수한 장점이다. 그들은 무한한 이해심을 가졌고, 언제나 활기 있게 행동한다. 먼 데 있는 것도 눈앞에 있는 듯이 판단한다. 아무리 큰일이라도 상상하여 이해할 수 있으며, 아무리 작은 일이라도 직접 알아본다. 따라서 그의 사상은 고아하고 넓고 또 올바르고 명쾌하다. 그 마음은 투철하여 무엇 하나 빠뜨리는 일이 없어서, 평범한 사람은 보지 못하는 진리까지도 종종 찾아낸다.

뛰어난 재주를 가진 사람은 항상 고고하게 생각한다. 명료하고 유쾌하고 자연스럽게 일을 한다. 일의 외양을 더할 나위 없이 아름답게 만들어 마음에 들고 세련되게 한다. 다른 사람의 취미에도 관심을 가져 무익하고 불쾌한 상황을 미연에 방지한다.

재치 있고 사교적이며 말솜씨가 좋은 사람은 곤란한 상황에 잘 대처한다. 그는 어떤 상황에도 쉽게 적응할 수 있다. 상대방의 마음과 습관을 이해하고 받아들인다. 상대방의 요구에 관심을 가지면서 자기 자신의 이해도 공고히 확보한다.

총명한 사람은 사물을 명확하게 관찰한다. 사물의 진면모를 찾아내고, 자기에게 유리한 방향으로 활용한다. 그리고 자기가 생각하는 바를 굳게 지키고 흔들리지 않는데, 그것은 그 정당성을 명확하게 알기 때문이다.

실용을 추구하는 사람과 사업에 관심을 갖는 사람은 약간 다르다. 사람은 자신의 이익을 추구하지 않더라도 사업을 이해할 수 있다. 자신과 무관한 일에는 수완이 있지만 그것이 자기와 관련 있는 일이 되면 어찌할 줄 모르는 사람이 있다. 반대로 자기와 관계된 일에 어느 정도 수완이 있어서 어떻게든 이익을 쟁취하는 사람도 있다.

근엄한 마음을 지닌 사람이라도 종종 유쾌하고 명랑한 이야기를 한다. 이런 마음은 남녀노소를 불문하고 모두에게 필요하다. 젊은이들은 진지한 마음을 가지지 않은 채, 시도 때도 없이 무작정 떠들어대거나 남을 놀릴 생각을 하는데, 그렇기 때문에 종종 사람들에게 미움을 받는다.

끊임없이 사람을 즐겁게 하려고 덤비는 것만큼 견딜 수 없는 것은 없다. 다른 사람을 즐겁게 해서 때로는 박수를 받을 수 있다. 그러나 기분이 언짢을 경우에는 귀찮게 여기는 일이 많기에 그런 때에 부끄럽게 되는 것에 비교하면 박수 따위는 중요하지도 않다.

농담은 더할 나위 없이 유쾌하지만 위험하기도 하다. 비위를 거스르지 않으면서 한다면 다른 사람을 기쁘게도 하지만 도가 지나치면 사람들이 꺼리게 되는 것은 당연하다. 그러나 어떤 악의도 없이 농담을 하거나 농담의 대상이 함께 즐길 수 있다면 용서할 수도 있는 일이다. 유쾌한 표정을 짓지도 않고, 또 놀리는 것을 재미있어하지도 않으면서, 농담할 기분이 되는 경우는 없다. 꾸준히 농담을 하기 위해서는 빈틈없는 수완이 필요하다. 농담은 유쾌한 기분과 상상력을 제고하여 대상의 특징을 파악하는 능력에서 나온다.

희롱은 아주 명랑한 행위처럼 보이기 때문에, 사람들은 그것에 완전히 마음을 빼앗기고 눈앞에 있는 희롱 대상을 재미있고 우습게 본다. 그러나 사람의 기질에 따라 그것에 무료함을 느끼거나 바늘과 같은 예리함을 느끼기도 한다.

완곡한 농담은 상대방에게 아부하는 하나의 방법이다. 이 방법을 쓰면 상대방이 털어놓으려고 하는 생각을 이끌어낼 수도 있고, 비난하는 듯하면서도 사실은 그럴듯하게 상대방을 칭찬할 수도 있고, 상대방의 장점을 인정하기 싫다는 태도를 보이면서 오히려 그것을 인정하기도 하는 것이다.

섬세한 사람과 지나치게 치밀한 사람은 매우 다르다. 섬세한 사람은 언제나 환영을 받는다. 세심하게 관찰하고 특히 배려심을 갖고 생각하며 아무리 사소한 일도 빠뜨리지 않는다. 그러나 지나치게 치밀한 사람은 바른 길을 가지 않는다. 몇 번이고 샛길로 접어들거나 길을 돌아가거나 해서 계획을 성공시키려고 한다. 그런데 그런 일은 얼마 안 가서 탄로가 난다. 그래서 그는 언제나 의심을 받고, 큰일을 성취하는 경우가 거의 없다.

열정을 지닌 사람과 명랑한 사람은 약간 다르다. 열정을 지닌 사람은 빠른 시일 내에 입신양명한다. 명랑한 사람은 민첩하고, 아름다움이 있고, 올바르다.

침착한 사람은 너그럽고 붙임성이 있다. 그 표정에 신경을 써서 언제나 환영을 받는다.

세심한 사람은 아무리 특수한 문제를 만나더라도 꼼꼼하고 차분하게 거기에 정신을 쏟는다. 그래서 자칫 사소한 일에 얽매이기도 하지만 그래도 큰 것을 보는 눈이 흐려지지는 않는다. 사물의 세밀한 점을 놓치지 않는 마음과 사물을 거시적으로 내다보는 마음이 한 사람에게 모두 갖추어지면, 그 사람은 그야말로 출중한 인품을 소유하게 된다.

재주가 많은 사람이라는 말이 세간에서 남용되고 있다. 위에서 말한 여러 가지 마음의 유형이 모두 재주 있는 사람에게 적용될 수 있다. 그러나 무수한 엉터리 시인과 재미 없는 글을 쓰는 작가들도 재주가 많은 사람이라고 일컬어져 왔다. 이 말도 세상에서는 사람을 칭찬하기보다는 조롱하기 위해 사용하고 있는 형편인 것이다.

사람의 마음을 나타내는 데는 수많은 형용사가 있다. 그것은 언어상으로는 같은 말을 하는 것 같더라도 어조와 말투에 의해 전혀 다른 뜻을 표현한다. 하지만 어조와 말투는 글자로 쓸 도리가 없으므로 나는 세밀한 점까지는 언급하지 않기로 하겠다. 내가 세밀한 점을 명백히 하려 해도 도저히 될 것 같지도 않다. 세상의 일반적인 습관이 그것을 잘 알려준다. '재능이 있는 사람'이라든가, '대단히 재능이 뛰어난 사람'이라든가, '총명한 사람'이라고 할 경우에, 이런 표현은 종이 위에는 똑같이 쓰이지만 실제로는 여러 가지로 다른 감상을 준다. 무엇이 그것을 다르게 받아들이게 하는가 하면, 바로 말투와 태도이다.

세상 사람들은 사람이 한 종류의 마음밖에는 가지고 있지 않다느니, 많은 종류의 마음을 가지고 있다느니, 온갖 종류의 마음을 가지고 있다느니 하고 말한다.

큰 재능이 있으면서도 어리석은 사람이 있고, 별로 재능이 없으면서 어리석지 않은 사람도 있다. 큰 재능이 있다는 말은 애매하다. 이 말은 앞에서 말한 온갖 종류의 마음을 하나로 요약할 수 없는 것도 아니지만, 마음과 마음 사이에 아무런 구별을 두지 않는 것이 되기도 한다. 행동에는 재능이 없어도 말에는 재능을 보이는 사람이 있다. 재능은 가지고 있을지라도 조그맣게 한정되어 있는 사람도 있다. 어느 정도의 일은 능란하게 해내는데 그 밖의 일은 손도 대지 못하는 사람도 있다. 큰 재능이 있어도 무엇 하나 제대로 하지 못하거나 매우 성가신 존재가 되는 일도 흔히 있다. 그렇다고는 하지만 그러한 종류의 마음을 가진 사람의 제일 큰 소득은 대화를 할 때 사람들에게 환영을 받는 일인 듯하다.

6.

각자 취향대로 흘러가게 내버려두라

세상에는 취향보다 식견이 뛰어난 사람도 있고, 반대로 식견보다 취향이 뛰어난 사람도 있다. 어쨌거나 식견보다 취향 쪽이 더 다양하고 또 변덕스럽다.

취향이라는 말에는 여러 가지 의미가 있으므로 자칫 오해하기 쉽다. 우리가 사물에 대하여 본능적으로 갖는 취향과, 척도에 따라서 사물의 질을 알거나 판단하는 취향 사이에는 차이가 있다.

예를 들면 신파극을 평가하고 판단할 만한 날카롭고도 세밀한 취향을 가지지 않은 사람도 신파극을 좋아할 수 있다. 또 신파극을 좋아하지 않을지라도 신파극의 잘되고 잘못된 부분을 충분히 판단할 수 있는 확실한 취향을 가질 수 있다. 우리가 알지 못하는 사이에 눈앞에 있는 것에 혹하게 만드는 취향이 있는가 하면, 그것이 가진 힘, 때로는 그 끝을 알 수 없는 강한 힘이 우리를 끌어당기게 하는 취향도 있다.

모든 것에 잘못된 취향을 가진 사람이 있는가 하면, 일부에 대해서만 잘못된 취향을 가진 사람도 있다. 자기 능력 안의 일이라면 어떤 일에든지 조그마한 착오도 없는 취향을 가진 사람도 있다. 또 자신의 취향이 특이하여 좋지 않음을 알면서도 그것을 버릴 마음을 가지지 않은 사람도 있다. 취향이 확실하지 않고 대상에 대한 판단을 우연에 맡기는 사람도 있다. 그러한 사람은 쉽게 취향을 바꾸어, 친구들이 재미있다고 하면 재미있다고 생각하고, 시시하다고 하면 시시하다고 생각한다. 또 언제나 섣불리 판단하고 이를 절대 바꾸지 않는 사람도 있으나, 그러한 사람은 그런 취향에 사로잡혀서 무엇이든 자기의 취향이라면 덮어놓고 소중히 여긴다. 게다가 또 좋은 것에 쉽게 감동하고, 좋지 않은 것에 쉽게 기분을 상하는 사람도 있다. 이러한 사람의 견해야말로 뚜렷하기도 하고 올바르기도 하다. 따라서 그 취향은 그들의 식견을 통해 빛을 발하고, 판별력을 통해 의심의 여지없이 지당해진다.

또 세상에는 어떻게 그렇게 할 수 있는지 이유는 설명하지 못하지만 본능에 따라 눈앞의 사물에 대해 항상 옳은 판단을 하는 사람이 있다. 그러한 사람은 식견보다 오히려 취향을 내세운다. 그들의 이기심과 몸에 밴 버릇 덕분에 가진 지식을 굳이 사용할 필요가 없기 때문이다. 그런 사람의 마음속에서는 모든 것이 조화를 이룬다. 이 조화가 사물을 잘못 판단하지 않도록 돕고, 그에 관한 올바른 생각을 품게 한다. 그러나 확고한 판단력을 가지고 다른 사람의 취향에 동요하지 않는 취향을 가진 사람은 극히 드물다. 다른 이들의 판단이나 관습에 따르는 이들이 대부분으로, 그들의 취향 중 온전히 자신의 것이라고 할 만한 부분은 없다.

지금까지 다양한 취향을 살펴보았지만, 사물 하나하나를 평가하여 그 가치를 확실히 알고 어느 방향으로든 확장해갈 수 있는 훌륭한 취향을 가진 사람을 마주하기는 어렵고, 거의 불가능하다고 할 수 있다. 우리가 알고 있는 것은 너무나도 한정되어 있고 훌륭한 판단을 내릴 수 있는 능력을 가지고 있다 한들 그것은 우리와 직접적인 관계가 없는 데 국한되어 발휘될 뿐이니까.

오늘날 우리는 취향의 필수 요소인 공정성을 잃었다. 비뚤어진 고집이 취향의 공정성을 방해하기 때문이다. 자신과 관련된 일을 있는 그대로 보지 못하고, 공적인 일과 사적인 일을 누구 한 사람 똑같이 바라보지 않는 것이다. 우리의 취향은 이기심과 몸에 밴 버릇을 따라갈 수밖에 없다. 그리고 그 이기심과 버릇이 우리의 새로운 견해가 됨으로써 우리는 무수한 변화와 확실치 못한 요소들 속에서 이러지도 저러지도 못하게 되어버린다.

우리의 취향은 더 이상 우리 마음대로 되지 않고 멋대로 변해

가니, 이미 우리의 것이라고 할 수 없다. 따라서 동일한 것을 매우 다양한 측면에서 보게 되고 결국 우리는 눈으로 본 것과 느낀 것을 제대로 식별하지 못하게 되었다.